新时代
营销
新理念

易苗苗 —— 编著

TikTok Business
Account Operation

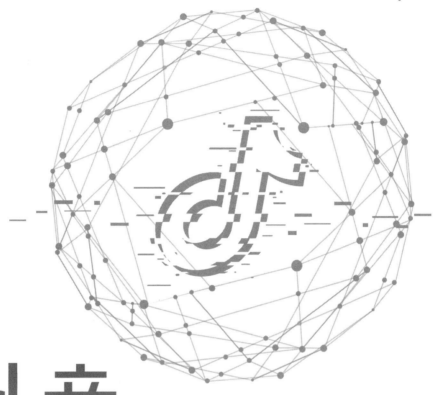

抖音
企业号运营

建号+引流+营销+推广

清华大学出版社
北京

内 容 简 介

10 章专题内容，一线企业号运营的实战笔记，从注册到变现应有尽有。

100 多个干货技巧，解密抖音的运营机制和算法，帮助企业完美实现转型。

本书是一本介绍抖音企业号的书。本书从账号注册、企业特权、定位包装、团队搭建、运营策略、内容制作、吸粉引流、营销推广、商业变现、避"坑"指南等多个角度分析了抖音企业号运营的技巧，可为抖音运营者提供更多参考信息。

本书不仅适合还未注册抖音企业号的企业，助其一臂之力，注册"蓝 V"，成为带货商家；还适合内容少的抖音企业号，它们可以从书中学习短视频运营技巧、内容制作手段，吸引大量粉丝的关注；同时，本书也可用作企业学习抖音号运营的教科书。

图书在版编目(CIP)数据

抖音企业号运营 : 建号＋引流＋营销＋推广 / 易苗苗编著 . —北京：清华大学出版社，2021.8
（2024.6 重印）
（新时代·营销新理念）
ISBN 978-7-302-57163-6

Ⅰ . ①抖⋯　　Ⅱ . ①易⋯　　Ⅲ . ①企业管理－网络营销　　Ⅳ . ① F274-39

中国版本图书馆 CIP 数据核字 (2020) 第 260310 号

责任编辑：刘　洋
封面设计：徐　超
版式设计：方加青
责任校对：王凤芝
责任印制：曹婉颖

出版发行：清华大学出版社
　　　　网　　　址：https://www.tup.com.cn, https://www.wqxuetang.com
　　　　地　　　址：北京清华大学学研大厦 A 座　　　　邮　　编：100084
　　　　社 总 机：010–83470000　　　　　　　　　　　邮　　购：010-62786544
　　　　投稿与读者服务：010-62776969，c-service@tup.tsinghua.edu.cn
　　　　质 量 反 馈：010-62772015，zhiliang@tup.tsinghua.edu.cn
印 装 者：三河市东方印刷有限公司
经　　销：全国新华书店
开　　本：170mm×240mm　　　　印　　张：16.25　　　　字　　数：263 千字
版　　次：2021 年 8 月第 1 版　　　印　　次：2024 年 6 月第 5 次印刷
定　　价：79.00 元

产品编号：088078-01

前言
PREFACE

随着我国 5G 建设步伐的加快，笔者认为近几年内 5G 技术将全面渗透到各个垂直行业之中。5G 的应用和普及，不仅为短视频拓宽了边界，探索与更多产业进行链接的可能性，还为短视频增加了更多使用场景，促进了多个行业多个领域的融合发展。值此风口来临之际，笔者将自己多年运营抖音企业号的经验整理成册，希望能帮助各个中小企业更好地运营抖音企业号。

本书内容安排由浅入深，以理论结合案例，内容通俗易懂。本书结构主要分为四部分，分别如下所述。

第一部分：介绍和认识抖音企业号，手把手教抖音运营者如何注册抖音企业号，了解抖音企业号的特权，准确进行账号定位。

第二部分：帮助企业了解抖音企业号运营手段。通过搭建专业团队、制定运营策略、打造内容来提高企业抖音企业号的运营能力。

第三部分：帮助抖音企业号变现。万丈高楼平地起，即使上千万粉丝的账号也是一个个粉丝积累起来的，没有粉丝的支撑，就没有强大的变现能力。

第四部分：指导抖音企业号变现。运营抖音企业号和引流导粉都是为变现做准备的，短视频用户通过变现可以获取巨额利润，提升企业影响力。

本书特色如下。

（1）**脉络清晰，层层递进**。互联网的快速发展给了短视频发展的动力，同时也为企业和机构提供了一个全新的营销渠道。本书包括注册抖音企业号、介绍企业号特权、定位包装、团队搭建、运营策略等多个方面，结构清晰，层层深入。

（2）**内容翔实，便于操作**。本书共10章，涵盖了抖音企业号运营、营销、引流、变现等多个环节。本书内容简洁、通俗易懂，呈现的内容非常丰富，操作性强，即使是新人也可以快速上手。

（3）**实战经验，无私分享**。笔者从事新媒体运营和短视频研究多年，做过企业抖音号运营指导和顾问，对抖音企业号引流变现颇有心得，经验丰富，在此毫无保留分享给初学抖音号的读者。

（4）**剖析案例，操作性强**。本书有大量营销案例，每讲到一种运营、引流和变现方法，都有具体的解说。虽然涉足短视频不是企业的单一选择，但是成功运营短视频能够优化企业的带货能力，从而获得一个全新的营销渠道。

由于笔者知识水平有限，书中难免有不妥和疏漏之处，恳请广大读者批评指正。

编者

2021 年 3 月

目录
CONTENTS

第6章　内容制作：认证抖音企业号内容运营攻略

第7章　吸粉引流：让陌生人成为企业的客户

第 8 章 营销推广:为企业定制个性解决方案

/第/ 1 /章/

账号注册：为企业开启无限商机可能

对企业来说，"蓝 V"企业号是运营抖音的一种必然选择。通过"蓝 V"认证，企业不仅可以得到抖音官方的认可，而且能解锁更多企业营销玩法，还可以通过"蓝 V"标识吸引更多的流量。

1.1 通过抖音注册并认证抖音企业号

　　抖音 APP 之所以能够快速火爆起来，离不开其精准的产品定位，主要包括以下几个方面。

　　（1）市场定位：深度挖掘和开发本土市场，基于国内年轻人的喜好和口味打造产品。

　　（2）平台定位：依赖于今日头条平台强大的大数据技术优势，实现算法推荐，打造基于人工智能（Artificial Intelligence，AI）技术、记录美好生活的短视频平台，如图 1-1 所示。

图 1-1　抖音的平台定位

　　（3）用户定位：更多的是针对普通的用户群体，社交属性非常强，从而生成更多优质用户原创内容（User Generated Content，UGC），如图 1-2 所示。

　　（4）营销定位：基于"智能 + 互动"的营销新玩法。企业运营抖音的目的是做品牌营销，扩大品牌影响力，但这只是一个笼统的概括，其更深层次的目的是在短视频领域积累品牌自身的流量池，并尽量与其他平台的流量池互联互通、互相导流。

图1-2　抖音的用户定位

▷**专家提醒**

短视频平台的发展趋势十分明显，其中最明显的就是算法推荐机制。如果用户点赞一个视频的动力远远超过关注一个账号，这对品牌方而言并非好事，因此品牌方更需要的是用户关注账号，以便后续的触达、转化。

1.1.1　注册抖音账号

抖音的账号注册比较简单，用户可以用手机号进行验证登录，如图1-3所示。同时，用户也可以直接使用头条号、QQ号、微信号和微博号等第三方平台账号进行登录，图1-4所示为用QQ号进行授权登录。

图1-3　抖音登录界面

图1-4　用QQ号进行授权登录

如果读者深度体验过抖音，就可以发现抖音上推荐的账号可以划分为两大类："过把瘾就完了"和"次爆款专家"。

1. 过把瘾就完了

大多数抖音账号属于"过把瘾就完了"类型，这类账号的明显特点就是有爆款视频推荐给用户，爆款视频的点赞量可能是数十万条到数百万条。但是，当用户打开他的主页时会发现，这类账号其实拍过不少短视频，但大多数视频不温不火，没有太多的点赞量，而用户看到的视频仅仅是其少数几个爆款视频之一。"过把瘾就完了"账号类型示例如图1-5所示。

图1-5　"过把瘾就完了"账号类型示例

这类账号的爆款视频更多因素是偶然，即偶然在生活中拍到了一些有意思的场景，或者自拍一些舞蹈之类的内容，某一个或几个视频偶然火了。然而，这种账号拍摄的大多数内容都不太成功，也就只能"过把瘾"，难以持续产出高质量内容，用户发现该情况以后并不会产生关注的冲动。

这种"过把瘾就完了"的账号是大多数个人和企业的现状，当然还有更多的从来没出过爆款的账号。粗略估计，这类账号的总点赞数和关注数比多数在10∶1以下，如果是视频不多的新账号，或者有颜值优势，或者品牌名气大，关注转化的比例可能会更高一些，能达到5∶1左右。

但总体来说，这类账号并不应该是企业运营抖音所追求的，因为用户对于视频内容的评价太不稳定，一定程度上要靠运气，而且关注比例过低导致运营效率并不高。

2. 次爆款专家

"次爆款专家"账号的主要特点就是大多数视频的点赞量并不是特别高，可能都处于几万条到几十万条区间内，或者偶尔会有上百万条点赞量的视频。但是，这类账号有一个特点就是点赞量相对均匀，不会出现只有几百条赞的情况。

这类账号的视频都能获得一定的传播量、点赞量，但很难达到整个抖音平台的爆款视频的高度，笔者将其称为"次爆款专家"。"次爆款专家"账号类型示例如图 1-6 所示。

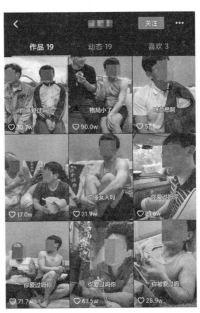

图 1-6　"次爆款专家"账号类型示例

"次爆款专家"账号更多是团队体系化运营的结果，很多是新媒体内容公司运营的相关账号。与"过把瘾就完了"账号的不同之处在于，"次爆款专家"的作品质量较为稳定，面向人群可能会比较集中、精准。当用户被推荐了一个这样的视频后，通常会去查看该账号还有没有类似的视频，当其看到账号的视频列表，发现其内容都比较好时，用户很可能就会关注该账号。

这种"次爆款专家"不但视频质量、点赞量和播放量都比较稳定，而且能够将游客转化到自有流量池中，以便后续深入挖掘用户的价值。粗略估计，这类账号的点赞量与关注量比例多在 10∶1 以上，若是内容足够精准垂直，或者更加有趣，该比例甚至能达到 2∶1 以上。总体来说，这种稳定、优质、高转化的"次爆款专家"才是企业运营抖音账号的目标。

3. 出现这两类账号的原因

抖音采用的是一种"流量赛马机制"，简单来说就是拍好的新视频会先分配一点小流量，然后根据同类视频对比各项指标（如点赞量和播完率等），与同类视频 PK 胜出后，再逐渐多分配些流量。

因此，只要视频的各项指标够好，就能不断获得新增的流量；如果在某个 PK 环节中被比下去，那么平台就不再会给更大量级的流量。

正因为抖音的这种"流量赛马机制"，"次爆款专家"账号也就只能止步于"次爆款"，因为这类账号所面向的人群往往相对精准，没有那么大众化。当系统给予符合其目标人群的流量时，其视频内容会快速传播开来；但当给予的流量超出其目标人群时，数据就不一定很好，导致最终无法 PK 胜出以获得更大流量，这也是"信息茧房"效应。

▷ 专家提醒 ◁

关于"信息茧房"效应，这里引用百科的定义："信息茧房"是指用户主动或被动地只关注自己感兴趣的信息，从而形成信息壁垒。

例如，假如某个账号主要做苹果手机使用教程的视频，如果视频质量好，那么该账号的视频就可以在苹果用户中快速传播；但是，如果系统给予该账号的是安卓用户的流量，那么该视频的各项指标就会被拉下来，系统便不会给予更多的安卓流量。

当然，一些大众娱乐类的账号就会好很多。例如，喜剧类的抖音账号面向人群足够广，但是不可能每个企业号都去发段子。另外，那些"过把瘾就完了"

的账号可能某个视频正中了受众的需求点，从而爆红起来，但运营者却难以复制这种成功。

1.1.2 进行实名认证

抖音运营者在完成注册之后，下一步要做的是进行实名认证，具体步骤如下。

步骤1 抖音运营者进入抖音主界面后，点击"我"按钮，如图 1-7 所示。

步骤2 进入抖音"我"界面，点击右上角的 ≡ 图标，如图 1-8 所示。

图 1-7 抖音主界面

图 1-8 抖音"我"界面

步骤3 进入右侧管理栏，点击"设置"按钮，进入"设置"界面。❶点击"账号与安全"选项，进入"账号与安全"界面，❷点击"实名认证"选项，如图 1-9 所示。

步骤4 执行操作后，进入"实名认证"界面，如图 1-10 所示，填写真实姓名与身份证号。❶点击"开始认证"按钮，弹出"提示"对话框；❷点击"确认认证"按钮，通过审核后即可完成实名认证。

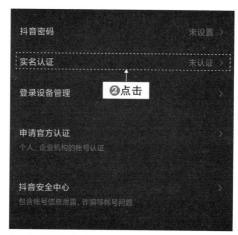

图1-9　"设置"界面（左）和"账号与安全"界面（右）

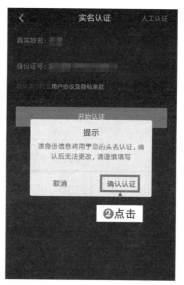

图1-10　"实名认证"界面

1.1.3　抖音企业号认证

抖音较常见的两类账号分别是个人号与企业号，如图1-11所示。

抖音企业号从2018年就已开放申请，很多企业或机构都会申请抖音企业号，以此来获得流量。下面具体介绍申请抖音企业号的步骤。

图 1-11　个人号（左）与企业号（右）

1. 手机上申请抖音企业号

步骤 1 抖音运营者在手机上注册完抖音账号后，依次点击"设置"|"账号与安全"选项，进入"账号与安全"界面，点击"申请官方认证"选项，如图 1-12 所示。

步骤 2 执行操作后进入"抖音官方认证"界面，点击下方的"企业认证"选项，如图 1-13 所示。

图 1-12　"账号与安全"界面　　　图 1-13　"抖音官方认证"界面

步骤 3 进入"企业认证"界面后，点击"下载模板"按钮，如图 1-14 所示。

步骤 4 此时"企业认证"界面弹出"下载模板"对话框，点击"下载模板"按钮，如图 1-15 所示。

图 1-14 "企业认证"界面

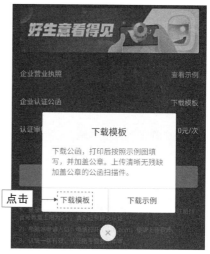

图 1-15 "下载模板"对话框

步骤 5 用 WPS 或其他软件打开下载的文档进行编辑，按文档要求先后填写公司全称和抖音账号，签名后加盖公司公章，如图 1-16 所示。

企业认证申请公函

1. 申请认证公司主体（简称申请人）＿＿＿＿＿传播有限公司（请填写公司全称）作为抖音平台（指标注名称为"抖音短视频"的客户端应用程序（含其简化版等其他版本）及其官方网站或网页，以及标注名称为"抖音火山版"的客户端应用程序（含其简化版等其他版本）及其官方网站或网页，以上两个平台合称"抖音平台"）不可撤销地申请抖音平台账号（抖音账号或抖音火山版账号：＿＿＿＿＿）认证服务。注：填写的账号信息需与登录的账号信息保持一致。

2. 申请人同意：

   (1) 在抖音平台账号资质审核成功之后，申请抖音平台账号的使用权归属于通过资质审核的申请主体，该抖音平台账号自注册时其产生的一切权利义务均由该主体承担，该抖音平台账号所获得的所有收益、权限均归认证后的主体享有，且所有运营活动都必须以该主体对外开展。

   (2) 在抖音平台账号资质审核成功之后，申请人有权以认证账号名称和认证标识所公示的身份于账号所在平台对外宣传，并通过认证标识区别于其他非认证用户。

   (3) 在抖音平台账号认证后，为便于其他用户知悉认证主体信息，抖音平台有权公开认证主体所提供的全部或部分信息，该信息的公开不会涉及到认证主体的商业机密或秘密。

   (4) 申请人如需使用认证权益，须登录抖音平台对应的客户端或抖音企业管理平台（链接：＿＿＿＿＿）设置并使用。

4. 申请人指定的账号运营人员在认证申请及抖音平台账号维护及运营管理的过程中所实施的行为视为本申请人的行为，本申请人需为授权账号运营人员所实施的行为承担相应的法律责任。本申请人指定的授权联系邮箱传递的信息均视为本申请人真实意思表示，今日头条向授权联系邮箱发送邮件的行为视为本申请人收到邮件。

   申请人对以上认证申请信息表填写信息及申请公函内容确认无异议。

申请人加盖公章：▢

（企业需加盖公章，无公章个体户需经营者签字）

【2020】年【04】月【21】日

图 1-16 《企业认证申请公函》

步骤 6 在"企业认证"界面点击"开始认证"按钮，如图 1-17 所示。进入"填写资料"界面，添加公司营业执照和企业认证申请公函，填写企业相关信息，如图 1-18 所示。

图 1-17 "企业认证"界面

图 1-18 "填写资料"界面

专家提醒

抖音运营者提供的公司营业执照可以是加盖彩色公章的黑白营业执照，也可以是彩色营业执照。同时，该营业执照必须没有毁损之处，且没有其他平台的水印。

步骤 7 在"填写资料"界面填写企业相关资料后，点击"提交"按钮，即可完成认证流程，如图 1-19 所示。

2. 计算机上申请抖音企业号

步骤 1 抖音软件只有手机客户端版本，没有 Windows 版本，因此在计算机上认证抖音企业号主要是通过网页端来操作。在浏览器中搜索"抖音企业认证"，进入抖音

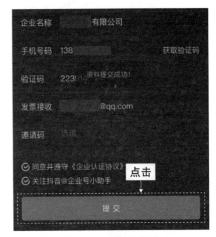

图 1-19 提交资料

企业认证官网,单击界面左上角的"立即认证"按钮,如图1-20所示。

图1-20　抖音企业认证官网

步骤2 如果抖音运营者未在浏览器登录过抖音账号,那么就在弹出的新界面中先登录抖音账号;如果抖音运营者已在浏览器登录过抖音账号,就可以直接单击界面中的"开启认证"按钮,如图1-21所示。

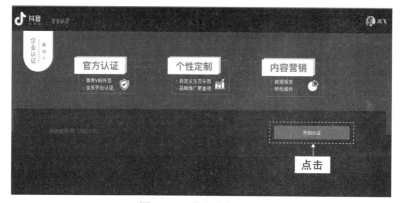

图1-21　弹出的新界面

▷ 专家提醒

　　笔者建议抖音运营者在自己的计算机浏览器上使用一些小插件,让浏览器记住抖音账号和密码。当下次需要登录抖音账号时,计算机会自动输入账号密码,节省运营者的时间。

步骤 3 进入"填写资料"界面，填写企业相关信息和资料，上传营业执照，如图 1-22 所示。

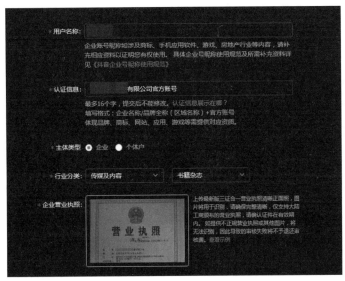

图 1-22 "填写资料"界面

步骤 4 在"填写资料"界面单击"《企业认证申请公函》"黄色字体，如图 1-23 所示。当然，如果抖音运营者需要认证其他特殊资质（如商标等），可以在"其他资质"选项中提交相关资料。

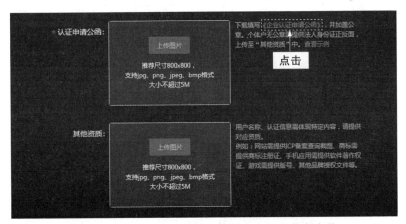

图 1-23 单击"《企业认证申请公函》"黄色字体

步骤 5 等待几秒之后，"填写资料"界面会自动弹出"新建下载任务"对话框，单击"下载"按钮下载文件，如图 1-24 所示。

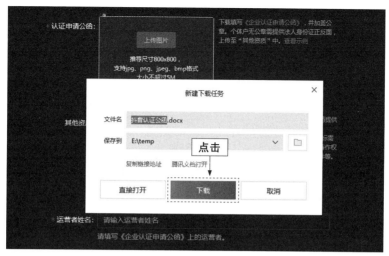

图1-24　"新建下载任务"对话框

步骤 6 用 WPS 等文档编辑器打开已下载的文档，按照相关要求填写《企业认证申请公函》，并在"认证申请公函"栏内上传《企业认证申请公函》截图或影印文件。

步骤 7 在"填写资料"界面填写完所有资料并确认无误后，单击"提交资料"按钮，即可向抖音官方团队提交认证资料，如图1-25所示。

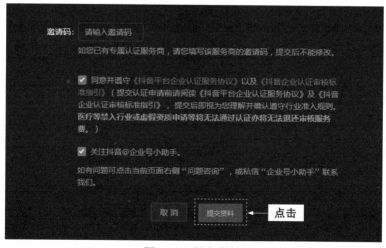

图1-25　提交资料

步骤 8 提交完认证资料后，浏览器会自动跳转至"审核中"界面，如图1-26所示。

图 1-26 "审核中"界面

▷专家提醒

虽然抖音官方拥有强大的算法，但是对于企业资质审核，抖音会组建专门的团队对提交的企业资料进行人工审核。

当企业资料无误且符合抖音官方标准时，抖音官方会在短时间内给申请人发送通过认证的短信和邮件，如图 1-27 所示。

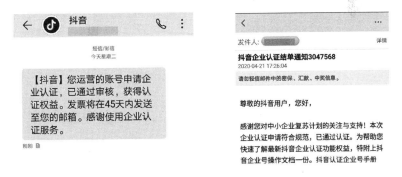

图 1-27 申请人收到的短信（左）和邮件（右）

1.1.4 修改账号信息

在通过抖音企业号认证后，抖音运营者可修改自己的抖音企业号头像、名字和简介。

1. 修改头像

抖音企业号的头像需要有特点，且必须展现企业良好的形象。抖音运营者可以进入"编辑企业资料"界面，从相册中选择或拍照选择头像即可修改，如图 1-28 所示。

图 1-28　"编辑企业资料"界面

在设置抖音企业号头像时有 3 个基本技巧，具体如下。

（1）所选择的头像一定要清晰。

（2）可以使用企业的代表人物作为头像。

（3）也可以使用公司名称、LOGO 等标志。

2. 修改名字

抖音企业号的名字需要有特点，最好和企业的定位相关，能让人眼前一亮。例如，抖音短视频中的"舌里美食记"和"严谨美食"，名字不仅特别，而且通俗易懂，如图 1-29 所示。

图1-29 令人眼前一亮的账号名字

在设置抖音企业号名字时有3个基本技巧，具体如下。

（1）名字不能太长，否则用户不容易记忆。

（2）名字尽量不要用生僻字或过多的表情符号。

（3）名字最好能体现人设感，即用户看见名字就能联系到人设。人设是指人物设定，包括姓名、年龄、身高等人物的基本设定，以及企业、职位和成就等背景设定。这样一来，平台用户一看账号名字就知道账号的视频内容，如果他对视频中的业务有相关需求，便会直接关注该账号。

3. 修改简介

除了修改头像、名称外，抖音运营者还可在"编辑企业资料"界面中修改性别、生日、所在地和联系方式等资料。

在这些资料中，短视频运营者需要特别注意的是账号简介。一般来说，短视频账号简介通常应简单明了，其主要原则是"描述账号＋引导关注"，基本设置技巧如下。

（1）前半句描述账号特点或功能，后半句引导用户关注短视频运营者的账号，一定要明确出现关键词"关注"，如图1-30所示。

（2）账号简介可以用多行文字，但一定要在多行文字的视觉中心出现关键词"关注"。

（3）用户可以在简介中巧妙地推荐其他账号，但不建议直接出现"微信"二字，如图 1-31 所示。

图 1-30　在简介中引导用户关注账号

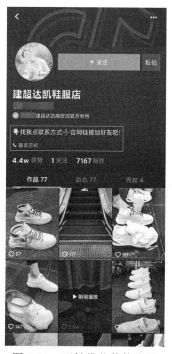

图 1-31　巧妙推荐其他账号

1.1.5　行业准入类型

抖音企业号认证有一定的标准，某些行业是不支持认证的，抖音运营者可查看抖音官方发布的《抖音企业认证审核标准指引》。笔者摘录了《抖音企业认证审核标准指引》中的一些要点，供读者参考。

（1）医疗健康行业（包括但不限于医院、OTC 药物、医疗器械、保健品、中药材等）禁入。

（2）金融行业。传统金融行业除中国人民银行、中国银行保险业监督管理委员会、中国证券监督管理委员会会员企业外禁入，互联网金融企业（P2P平台等）禁入。

（3）烟草行业禁入。

（4）公司名称或其经营范围涉及图 1-32 所示内容的企业禁入。

1）涉军涉政：涉及领导人、反动、政治体系、军事相关等。
2）违法违规类：枪支弹药、违禁药品（吗啡、番茄红素）、管制刀具、国家级保护动植物及其相关制品等。
3）危险物品类：烟花爆竹、弹弓、弩、气球等。
4）医疗健康类：试管婴儿、临床检验、血液检查、整容整形（半永久、脱毛、文身、疤痕修复、烧伤修复）、非正规药方（偏方、艾方）、减肥/壮阳/丰胸/增高/植发/祛痘/祛斑产品等。
5）赌博类：博彩、赌石、千术等。
6）两性类：生殖健康（药物、胶囊、用剂、私处紧致用品）、两性产品、色情网站/APP、涉外婚恋等。
7）封建迷信类：风水、手相、面相、算命、涉及迷信元素或道具等。
8）招商加盟类：农业技术加盟、医疗加盟类。
9）手工加工类：手串、佛珠、核雕、蜜蜡等。
10）文化艺术收藏类：古董古玩、钱币类、徽章类。
11）高危安防设备类：警用设备、军用设备。
12）侵犯他人隐私的器材：窃听器、偷拍机、针孔摄像、高倍望远镜等。
13）其他：微商、山寨品牌、代购类、洞藏老酒、情感咨询（PUA）、动物屠宰、按摩SPA等。

图 1-32 抖音企业号禁入企业类型

（5）若是财经、法律类企业，则需要有财经或法律类服务，方可准入。

（6）发布过违规内容的账号禁止申请抖音企业号。

（7）酒类、食品类、化妆品、在线小说、宠物医院、境外就业中介、教育等行业的企业需提供相关的准入资质。

1.1.6 资质证照要求

抖音对资质证照有一些要求，如果申请者严格按照这些要求提交资质证照，可以提高申请成功概率。

1. 营业执照要求

（1）彩色营业执照扫描件或加盖彩色印章的黑白营业执照扫描件。

（2）营业执照各部分字段和图片清晰完好。

（3）只支持工商行政管理局或市场监督管理局登记的企业。

（4）营业执照在有效期内。

（5）营业执照扫描件尽量不要添加水印。

（6）推荐像素为 800×800 像素。

抖音官方提供了营业执照示例，方便抖音运营者参考，如图 1-33 所示。

图 1-33　营业执照示例

2. 认证申请公函要求

（1）彩色公函扫描件或加盖彩色印章的黑白公函扫描件。

（2）公函内容完整。

（3）公函上加盖企业公章，不支持使用财务章、合同章、人事章。

1.1.7　设置子母账号

　　子母账号功能指的是将抖音企业号的部分功能或权限授予另外一个抖音账号，以满足第三方运营管理要求，类似于微信公众号添加管理员，具体步骤如下。

步骤1 抖音运营者登录企业管理平台后，选择"授权管理"选项，跳转至"授权管理"界面，单击"发起授权"按钮，如图 1-34 所示。

步骤2 弹出"发起授权"对话框，填写请求授权账号的抖音号和抖音昵称，依次选中"内容管理""主页分析""消息管理""用户管理""店铺管理"等权限，单击"确定"按钮提交，如图 1-35 所示。

图 1-34　"授权管理"界面

图 1-35　"发起授权"对话框

1.1.8　抖音企业认证年审

抖音企业号的认证资格有效期为一年，抖音运营者可在权限到期前 30 天内进行年审，重新获得抖音企业号认证，具体步骤如下。

步骤 1 抖音运营者在浏览器上搜索"抖音企业认证"，进入抖音企业认证官网，单击界面左上角的"立即认证"按钮，进入"开启年审"界面，单击"开启年审"按钮，如图 1-36 所示。

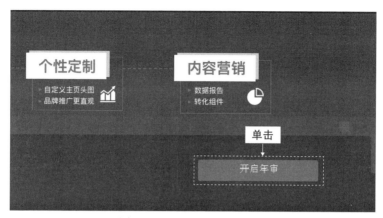

图1-36 "开启年审"界面

步骤 2 跳转至"填写资料"界面，选择是否变更企业名称（二选一，变更/不变更）。用户名称默认与登录账号一致，不可修改。

步骤 3 在"填写资料"界面重新提交营业执照和认证申请公函，确认无误后即可提交资料，随后跳转至"审核中"界面，等待抖音官方短信和邮件回复即可，如图1-37所示。

图1-37 "审核中"界面

1.2 企业服务中心操作指南

如何更好地运营抖音企业号呢？本节即介绍企业服务中心操作指南。

1.2.1 功能入口：进入企业服务中心

抖音 APP 的"企业服务中心"入口位置很明显，在"我"界面点击 ☰ 图标，进入右侧管理栏，点击"企业服务中心"按钮，跳转至"企业服务中心"界面，即可看到该抖音企业号支持的功能：商品分享、开始直播、营销转化、主页展示、消息管理、创意中心、精选案例、视频管理、官方认证、开通抖音门店、企业号榜单、客服中心等，如图 1-38 所示。

图 1-38 "企业服务中心"入口位置及界面

1.2.2 精选案例：全面实用的案例库

抖音流量非常大，其中有很多优秀的案例可供运营者学习。抖音案例入口主要有 3 个，下面将一一进行讲解。

1. 精选案例

精选案例的入口在"企业服务中心"界面的"通用能力"里，抖音官方每日会在该板块精选优秀的短视频案例，这些精选的短视频案例播放量巨大，高达几千万次，如图 1-39 所示。

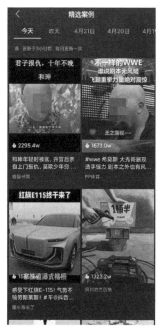

图 1-39　精选案例

2．企业号学院

企业号学院的入口在"企业服务中心"界面上方，其中有"新手入门指南""内容创作进阶""创作变现课程"三大板块，抖音运营者可以从这些板块中学到很多抖音企业号的运营方法，如图 1-40 所示。

图 1-40　企业号学院

3. 企业号榜单

企业号榜单的入口在"企业服务中心"界面的"其他功能"里。在企业号榜单里，抖音运营者不仅能了解优秀的抖音企业号，还能学习一些典型的行业案例，如图1-41所示。

图1-41　企业号榜单

1.2.3　E管理：抖音企业号管理平台

抖音企业号后台功能设置简述如下。

1. 消息管理

进入抖音企业号管理中心，在"消息管理"中可以设置自动回复。选择"管理中心"的"用户管理"选项卡，选择"全部用户"，对私信进行设置即可，如图1-42所示。

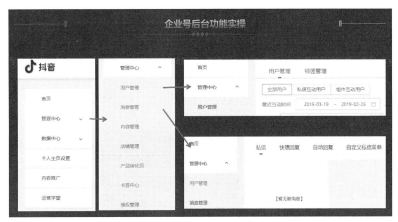

图 1-42 抖音企业号后台功能实操

这里有快捷回复和自定义私信菜单 2 个板块。快捷回复就是提前设置好回复内容，有需要时可直接回复，可以节省时间。在自定义私信菜单中，可以根据自身的需求对私信内容进行定制。

2. 内容管理

在"内容管理"中，可以直接在视频上添加落地页、主标题界面和副标题界面，如图 1-43 所示。这对于营销有非常大的好处，运营者可以直接将视频链接到落地页，同时通过落地页又能找到产品和产品介绍信息，能起到很好的营销转化作用。

图 1-43 "内容管理"添加组件

例如，我们经常能看到许多视频中有一个黄色小推车，该小推车就是落地页的设置。如果有抖音用户想要买同款产品或者进行加盟咨询，他（她）就可以通过落地页与运营者进行联系。

落地页在哪里显示呢？一是视频中会出现落地页；二是会在评论的置顶处看到落地页链接，如图1-44所示。

图1-44　落地页的显示

在落地页的设置过程中，运营者需要注意的是落地页有一定的审核标准，具体标准如图1-45所示。

图1-45　落地页审核标准

3. 店铺管理

选择"店铺管理"中的"门店认领"选项卡，选择门店，然后添加门店所在的城市、区，如图 1-46 所示。还可以输入门店的名称，对门店的信息进行编辑，通过视频展示门店的形象。

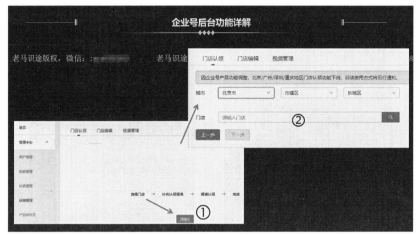

图 1-46　"门店管理"设置

4. 产品转化页

在"产品转化页"中可以设置页面的标题和副标题、上传产品图片、设置线上或线下的服务方式和店铺的地址、输入服务的价格，如图 1-47 所示。

图 1-47　"产品转化页"设置

5. 卡券中心

设置卡券中心可以起到引流的作用，如图 1-48 所示。

图 1-48 "卡券中心"设置

/第/2/章/

企业特权：打造智能时代移动综合体

与抖音个人号不同，抖音企业号是一个企业向外宣传的窗口。因此，抖音企业号运营起来通常要比抖音个人号复杂。那么，企业应如何借助抖音企业号开拓带货新赛道呢？本章将从后台管理角度进行解答。

独特外显：彰显企业价值

抖音企业号拥有独特的外显权限，企业通过该权限不仅可以吸引大量粉丝，还可以彰显企业价值。

2.1.1 尊贵"蓝V"标识：公示企业身份

抖音企业号可以显示"蓝V"标识，让抖音用户清楚地明白这是官方账号，从而可以放心购买产品。如图 2-1 所示，"小米公司"官方账号左侧有一个蓝色的小图标，该小图标便是"蓝V"标识；同理，"华为终端"企业号左侧的蓝色小图标也是"蓝V"标识。

图 2-1 "蓝 V"标识

如果是个人认证的抖音号，则会显示小图标，如图2-2所示。

图2-2　个人认证的抖音号

2.1.2　搜索昵称置顶：流量导入更直接

当抖音用户搜索昵称时，优先显示的是抖音企业号。可以这么说，通过认证抖音企业号，抖音运营者可更直接地获取流量。例如，笔者搜索"小米"关键字时，优先显示的都是小米公司的抖音企业号，如图2-3所示。

图2-3　"小米"关键字搜索结果

2.1.3 昵称唯一保护：不受冒牌困扰

抖音为了保护企业的权益，企业认证过的抖音名字他人不可以再用。例如，搜索"OPPO"或"华为"关键字时，从列表里可以看到"OPPO"或"华为"抖音名字有且只有一个，如图 2-4 所示。

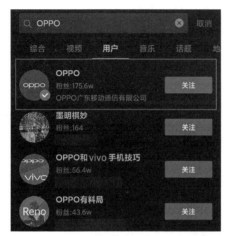

图 2-4 "OPPO"或"华为"关键字搜索结果

2.1.4 认证信息公示：加大公示力度

当企业开通抖音企业号后，抖音运营者认证时填写的"认证信息"将会显示在个人主页，如图 2-5 和图 2-6 所示。

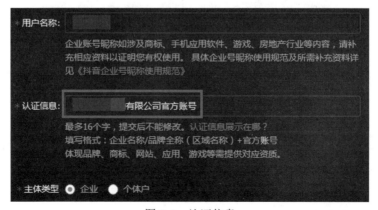

图 2-5 认证信息

图 2-6　抖音企业号个人主页

2.1.5　优质视频置顶：流量利用更高

抖音企业号可以选择置顶 3 个优质视频。如图 2-7 所示，小米手机的抖音主页界面便设置了 3 个置顶视频。

图 2-7　设置 3 个置顶视频

什么样的视频可以置顶呢？

（1）该视频能引导别人去联系运营者。

（2）播放量和传播率比较高的视频。

2.2 营销转化：轻松提高转化效率

营销转化方面的特权主要包括 3 个方面，分别是支持跳转外链、电话呼出组件和智能剪辑。

2.2.1 支持跳转外链：个性内容展现

跳转外链可以跳转至商家的主页、官方网站等。如果运营者没有官方网站，也可以在抖音设置一个简单的介绍，然后通过外链按钮进行链接。

例如，vivo 的抖音号主页就设置了"官网链接"按钮。抖音用户只需点击该按钮，便可跳转至对应的网页，如图 2-8 所示。

图 2-8　跳转外链

抖音运营者需要注意的事项如下。

（1）跳转的内容要与抖音企业号认证的服务或商品一致。

（2）不能设置 PC 端链接，即该链接必须要支持在手机端显示完整内容。

（3）跳转的内容不能自动播放音频或视频等严重消耗流量的内容。

（4）跳转链接不能是安装包的下载链接。

（5）跳转链接不得出现低俗、色情等违法信息。

2.2.2 电话呼出组件：一键电话呼出

抖音企业号拥有直接电话呼出组件，组件设置完成后，只需点击对应的按钮，就可以给企业的对应号码打电话。

例如，有的抖音企业号在主页界面利用电话呼出组件设置了一个"联系方式"按钮，抖音用户只需点击该按钮，便会自动跳转到拨号界面，如图 2-9 所示。

图 2-9 一键电话呼出

2.2.3 智能剪辑：随时帮企业产出高质量视频

抖音企业号运营者如果不会操作 PR 等软件，可以借助抖音官方自带的剪辑功能对短视频进行简单的剪辑。智能剪辑步骤如下。

步骤1 抖音官方为抖音企业号提供了智能剪辑功能，其入口在"企业服务中心"界面，点击"创意中心"按钮，如图 2-10 所示。

步骤2 跳转至"创意中心"界面，点击"开启智能剪辑"按钮，如图 2-11 所示。

图 2-10　"企业服务中心"界面

图 2-11　"创意中心"界面

步骤3 弹出"选择操作"对话框，如图 2-12 所示。从文件管理中选择一个视频文件上传，❶在"添加字幕（选填）"区域输入视频介绍文字；❷也可以开启"字幕配音"开关；❸点击"智能制作"按钮，即可生成新视频，如图 2-13 所示。

图 2-12　"选择操作"对话框

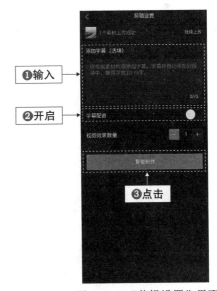

图 2-13　"剪辑设置"界面

步骤4 跳转至"视频预览"界面，选择视频长度，点击"下一步"按钮，如图 2-14 所示。

步骤5 跳转至"视频编辑"界面，选择"特效""文字""贴纸""配乐"等功能，点击"下一步"按钮，如图2-15所示。

图2-14 "视频预览"界面　　　　图2-15 "视频编辑"界面

步骤6 跳转至"视频发布"界面，填写视频标题、话题、好友等信息，应用"添加位置""添加小程序"等小功能，点击"发布"按钮，即可将该短视频发布至抖音，如图2-16所示。

图2-16 发布短视频

2.3 客户管理：管理客户省时省力

客户管理功能是抖音企业号独有的功能，抖音个人号并不具备。通过该功能，运营者可以实现线索转化持续跟踪，让用户的管理变得省时省力。

2.3.1 企业自建CRM：线索转化持续跟踪

抖音企业号可以通过抖音资源打造属于自己的 CRM（Customer Relationship Management，客户关系管理）系统。

步骤 1 登录抖音企业号后台，单击左侧的"用户管理"按钮，如图 2-17 所示。

图 2-17　单击"用户管理"按钮

步骤 2 跳转至"用户管理"界面，抖音运营者可查看私信互动用户、预约用户、主页互动用户的相关信息（最近互动、用户状态、地区等），如图 2-18 所示。

图 2-18　"用户管理"界面

2.3.2　私信自动回复：不错过每一个客户

本小节介绍在手机端为抖音企业号设置私信自动回复的方法，具体步骤如下。

步骤 1 打开抖音 APP，进入"企业服务中心"界面，点击"消息管理"按钮，如图 2-19 所示。

步骤 2 跳转至"企业号管理"界面，点击"用户进入对话时"选项，如图 2-20 所示。

图 2-19　"企业服务中心"界面

图 2-20　"企业号管理"界面

步骤 3 跳转至"用户进入对话时"界面，❶开启"用户进入对话时自动回复"开关，❷填写相关回复内容即可，如图 2-21 所示。

图 2-21　"用户进入对话时"界面

　　计算机端设置自动回复相对来说简单很多，登录抖音企业号后台，进入"消息管理"界面，选择"自动回复"选项卡，输入文字、图片或消息卡片等作为回复内容，如图 2-22 所示。

图 2-22　计算机端设置自动回复

2.3.3　评论管理优化：有益评论登顶热门

　　如果有用户给运营者的视频好评，运营者可以把该评论置顶，让更多的人在第一时间就能看到该好评，从而增加在抖音用户心中的印象分。

步骤 1 登录抖音企业号后台，单击"内容管理"按钮，进入"内容管理"界面，如图 2-23 所示。

步骤 2 在"内容管理"界面单击"查看评论"按钮，如图 2-24 所示。

图 2-23　"内容管理"界面

图 2-24　单击"查看评论"按钮

步骤 3 跳转至视频详情界面，选择自己认为很重要或可以引流的评论，单击"置顶"按钮，即可将该评论置顶，如图 2-25 和图 2-26 所示。

图 2-25　评论置顶操作

图 2-26　评论置顶效果

2.3.4　聚合自定义菜单：满足差异化需求

自定义菜单指的就是聚合自定义菜单，可以满足客户差异化的需求。其具体设置步骤如下。

步骤 1 登录抖音企业号后台，进入"消息管理"界面，选择"自定义私信菜单"选项卡，进入"自定义私信菜单"界面，如图 2-27 所示。

图 2-27　"自定义私信菜单"界面

步骤 2 在右下角的手机模拟窗口中输入一、二级菜单的名称及跳转链接，如图 2-28 所示。

图 2-28　手机模拟窗口

2.3.5　消息管理：客群标签实现精准营销

运营者可以根据用户发来的消息给用户设置标签，如意向咨询、意向顾客购买等。所以，抖音消息管理就是一个后台的客户数据管理平台，它可以跟踪和记录客户对视频的访问行为,还可以持续管理用户数据,如图2-29所示。

图 2-29　消息管理

2.4 数据沉淀：可视化成长曲线

抖音企业号数据沉淀方面的特权主要有 4 个，分别是数据总览、企业数据、作品数据和粉丝数据。

2.4.1　数据总览：了解账号核心数据

抖音运营者点击"企业服务中心"界面的"数据概要"按钮，进入"数据中心"界面的"总览"板块，即可看到整个账号的数据概况，包括核心数据、粉丝净增量、新增视频播放量、新增点赞量、主页访问人数等，如图2-30所示。

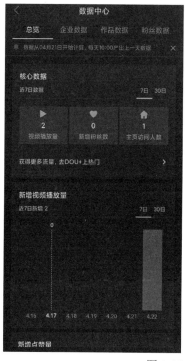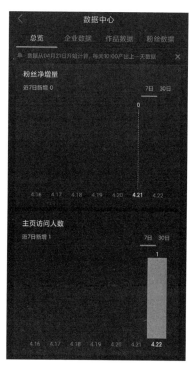

图 2-30　数据总览

2.4.2　企业数据：关注企业引流能力

"企业数据"选项卡中包含该账号官网链接点击量、联系电话点击量、商家页面展现量、私信数据、进入对话自动回复发送量、关键字自动回复发送量、私信菜单点击量、商家页面预约量和服务页预约量等。抖音运营者通过对这些数据进行分析，可以清楚地了解企业的引流能力，如图2-31所示。

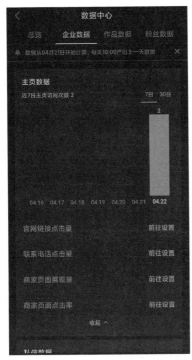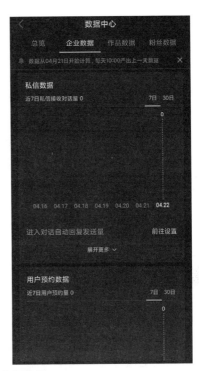

图 2-31 企业数据

2.4.3 作品数据：运营效果更加直观

抖音官方还为抖音企业号提供了近 30 天的作品数据，如图 2-32 所示。

图 2-32 作品数据

抖音运营者还能通过"作品数据"得知自己短视频的点赞量、评论量、转发量和播放量，如图 2-33 所示。

图 2-33　查看视频数据

专家提醒

抖音官方提供的这些数据可以让抖音运营者了解当前账号的运营状态，看到自己账号定位和视频制作等方面的问题，从而总结自身的经验和不足之处，提高内容生产力和引流变现能力。

当然，抖音上还提供了每个视频的具体分析数据，其中比较重要的是观看分析（每秒观看人数占比）和点赞分析（每秒点赞人数占比），抖音运营者根据这两个数据可以直观地了解量化后的视频质量，如图 2-34 所示。

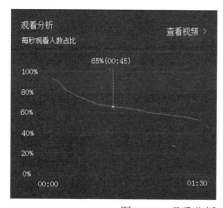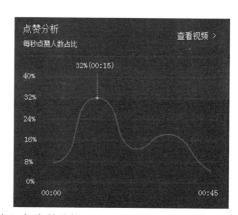

图 2-34　观看分析（左）与点赞分析（右）

2.4.4 粉丝数据：洞察目标群体需求

粉丝数据可以让运营者洞察目标用户的需求，轻松提高营销转化率。当粉丝数量超过 100 名时，运营者便可查看该抖音企业号的粉丝性别分布、粉丝年龄分布、粉丝兴趣分布、粉丝活跃度分布、粉丝地域分布、粉丝设备分布等数据，如图 2-35 所示。

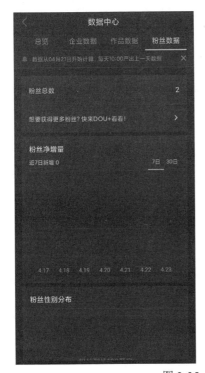

图 2-35 粉丝数据

▷专家提醒

抖音运营者也可以登录抖音企业号后台，进入"粉丝管理"界面，查看该抖音企业号的粉丝画像。

当抖音企业号粉丝数量超过 100 名时，相关数据会自动显示在粉丝管理界面。图 2-36 所示为某抖音企业号的粉丝活跃度分布数据。

图 2-36 粉丝活跃度分布数据

/第/3/章/

定位包装：构建更加广袤的营销空间

　　我们在做一件事情之前一定要先找准方向，只有这样才能有的放矢。做抖音运营也是如此。那么，如何找准抖音企业号的运营方向呢？其中一种比较有效的方法就是通过账号的包装和定位来明确运营方向。

3.1 账号包装：引导关注，树立品牌形象

"蓝V"企业号认证不仅要准备各种资料，经过各个认证步骤，还要支付审核费用，即"蓝V"企业号的认证需要花费更多的时间和金钱成本。那么，为什么还要进行"蓝V"企业号的认证呢？这主要是因为认证后的"蓝V"企业号拥有许多实用功能，这些功能可以为企业营销创造更好的条件。

3.1.1 抖音企业号的头图包装

账号头图就是抖音主页界面最上方的图片。部分抖音运营者认为头图并不重要，其实并非如此。图3-1所示为一个没有设置头图的抖音号主页。看到这张图片后，笔者的感觉是，该主页好像缺少了什么。抖音运营者连头图也不设置，给人一种没有用心运营的感觉。

图3-1　只有抖音默认头图的抖音号

其实，即便是随意设置一张图片，也胜于直接用抖音号的默认图片。不仅如此，头图本身也是一个很好的宣传场所。

例如，抖音运营者可以设置带有引导关注类文字的头图，提高账号的吸粉能力，如图3-2所示。

另外，抖音运营者还可以在头图中展示自身的业务范围，让抖音用户一看就知道抖音运营者经营的业务范围。这样当抖音用户有相关需求时，便会将该抖音运营者作为重要的选择对象。图3-3所示的抖音企业号便是利用头图吸引客户。

图 3-2　通过头图引导关注

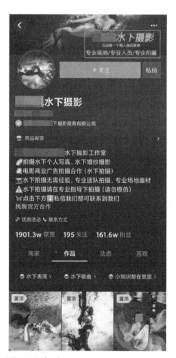

图 3-3　利用头图吸引客户

设置或更换抖音头图的具体操作步骤如下。

步骤1 进入抖音短视频 APP 的"我"界面，点击界面上方头图所在位置，如图 3-4 所示。

步骤2 进入图 3-5 所示的头图展示界面，点击界面下方的"更换"按钮。

图 3-4　点击头图所在位置　　　　图 3-5　点击"更换"按钮

步骤3 操作完成后，弹出图 3-6 所示的头图修改方式对话框，可以通过"拍摄"或"相册选择"等方式进行头图的修改。这里以"相册选择"为例进行相关说明。

步骤4 点击"相册选择"选项之后，从相册中点击需要作为头图的图片，如图 3-7 所示。

步骤5 操作完成后，进入"裁剪"界面，如图 3-8 所示，在该界面中可以裁剪和预览头图展示效果。裁剪完成后，点击下方的"确定"按钮。

步骤6 操作完成后，返回"我"界面，如果头图完成了更换，就说明头图修改成功，如图 3-9 所示。

图 3-6　点击"相册选择"选项

图 3-7　点击图片

图 3-8　"裁剪"界面

图 3-9　头图修改成功

在头图的修改过程中，运营者如果想要获得更好的展示效果，需要适当地对图片做一些修改。例如，笔者在操作时没有太注重图片的裁剪，所以最后显示出来的效果中有一些文字被遮挡，还有一些文字没有显示出来。

对抖音企业号来说，还可以将头图设置为动态视频，让主页显得更有吸引力。图 3-10 所示为小米公司抖音企业号的动态头图。

图 3-10　小米公司抖音企业号的动态头图

3.1.2　抖音企业号的引流窗口

对于抖音企业号而言，其主页引流窗口主要有 3 个：商品橱窗、优惠券链接和官网链接。

（1）商品橱窗：抖音个人号和抖音企业号有商品橱窗功能。图 3-11 所示为抖音企业号商品橱窗。

图 3-11　抖音企业号商品橱窗

（2）优惠券链接：如肯德基抖音企业号的主页链接就是优惠券链接，如图 3-12 所示。

图 3-12　肯德基抖音企业号的优惠券链接

（3）官网链接：如聚焰科技抖音企业号的主页链接便是官网链接，如图 3-13 所示。

图 3-13　聚焰科技抖音企业号的官网链接

3.1.3 抖音企业号的账号信息

除了名字、头像、简介和头图之外，抖音运营者还可以对学校、性别、生日和地区等账号信息进行设置。运营者进入"编辑企业资料"界面，便可以直接修改这些资料。

在这 4 类账号信息中，学校和地区相对来说要重要一些。学校的设置，特别是与账号定位一致的学校信息设置，能让抖音用户觉得账号运营者更加专业，从而提高账号内容对抖音用户的吸引力；地区的设置则能更好地吸引同城抖音用户的关注，从而提高账号运营者旗下实体店的流量。

以设置学校为例，抖音运营者可以点击"学校"后方的"点击设置"按钮，如图 3-14 所示。该操作完成后，便可进入图 3-15 所示的"添加学校"界面。在该界面中，抖音运营者可以对学校、院系、入学时间、学历和展示范围等信息进行设置。

图 3-14 点击"点击设置"按钮

图 3-15 "添加学校"界面

信息设置完成后，❶点击界面右上方的"保存"按钮，弹出学校信息修改提醒对话框，如图3-16所示。②抖音用户如果点击对话框中的"提交"按钮，将自动返回"编辑企业资料"界面。如果此时"学校"后方出现了相关信息，就说明学校信息已设置成功，如图3-17所示。

图3-16　学校信息修改提醒对话框

图3-17　学校信息设置成功

3.1.4　抖音企业号的POI设置

如果抖音运营者拥有线下店铺，或者与线下企业有合作，则建议抖音运营者一定要做信息点（Point of Interest，POI）认领，这样可以获得一个专属的唯一地址标签，只要能在高德地图上找到你的实体店铺，认证后即可在短视频中直接展示出来，如图3-18所示。

抖音运营者在上传视频时，如果给视频进行定位，则在红框位置显示定位的地址名称、距离等基本信息。点击定位后，将跳转到地图打卡功能界面，在该界面能够显示地址的具体信息和其他用户上传的与该地址相关的所有视频，如图3-19所示。

图 3-18　在视频中展现地址

图 3-19　地图打卡功能界面

抖音企业号设置 POI 的步骤如下。

步骤 1 打开抖音 APP，进入"企业服务中心"界面，点击"开通抖音门店"按钮，如图 3-20 所示。

步骤 2 跳转至"抖音门店"界面，点击下方的"限时免费认领"按钮，如图 3-21 所示。

图 3-20　"企业服务中心"界面

图 3-21　"抖音门店"界面

步骤 3 跳转至"选择门店"界面，选择或搜索对应的门店，点击"立即认领"
按钮，如图 3-22 所示。跳转至"资质认证"界面，上传企业营业执照并填写
补充材料（选填），点击"提交资质"按钮，耐心等待抖音审核回复通知，
如图 3-23 所示。

图 3-22　选择或搜索对应的门店

图 3-23　填写资料

　　抖音运营者可以通过 POI 页面与附近粉丝建立直接沟通的桥梁，向他们
推荐商品、优惠券或者店铺活动等，可以有效为线下门店导流，同时能够提
升转化效率。

3.1.5　抖音企业号的关注列表

　　抖音企业号的关注列表一般有两种，一种像"雀巢咖啡丝滑拿铁"和"特
仑苏"一样，列表中关注量为 0，如图 3-24 所示。

图 3-24 0 关注的抖音企业号

另一种像 OPPO 和央视一台抖音企业号一样，关注的都是自己的矩阵账号或相关联的账号，如图 3-25 所示。

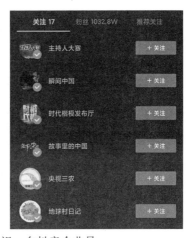

图 3-25 OPPO 和央视一台抖音企业号

3.2 4 维定位：找准自己账号运营方向

本节主要通过 4 个维度的讲解，让抖音运营者能够准确地给抖音企业号找一个定位。定位对一个抖音企业号来说非常关键，如果定位做得好，则引流和卖货就没有问题。

那么到底什么是抖音企业号的定位呢？简单来说，就是区别于其他人的抖音号，在粉丝心中形成清晰的认知和标签。

例如，"丽江石榴哥"，人们对他形成了清晰的认知和标签：这是一个会6国以上外语的卖石榴的朴实小哥；还有"口红一哥"李佳琦，人人都知道他是一个做口红测评的主播，这就是李佳琦的标签和清晰定位。

4维定位即从产品、领域、人设、展现形式进行短视频定位的方法。本节重点介绍该内容。

3.2.1　根据产品定位

抖音运营者可以结合自身的技能和产品来做产品定位，具体来说，就是根据技能和产品情况绘制产品技能象限图，如图3-26所示。

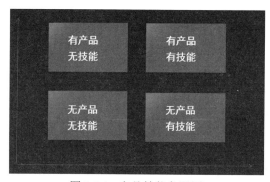

图3-26　产品技能象限图

有的运营者只有产品但没有技能，他们可以从产品出发，围绕产品在3～5个领域进行内容定位。

有的运营者既无产品又无技能，他们可以吸引一部分精准粉丝，然后通过橱窗卖货赚取佣金，或者可以卖流量、卖广告或卖号。

有的运营者没有产品但有技能。例如，某个抖音企业号运营团队有知识输出能力，那么他们可以通过知识内容来运营企业号。我们都知道，知识内容本身自带商品属性。

因此，抖音运营者没有产品并不重要，只要能吸引精准粉丝，那么在引流过程中或者在运营过程中，自然会有很多商家联系抖音运营者进行合作。在运营过程中，如果该抖音企业号已获得了大量粉丝，那么卖产品就不会有问题。此时，抖音运营者再去找商家合作是非常容易的。

对于有产品又有技能的运营者，则可以围绕产品去做内容。例如，某个抖音企业号卖护肤品，同时该运营者平时张口便是段子，那么他在卖护肤品时或者在介绍护肤品过程中就比别人多了一个维度，即其展现形式比别人更丰富（他可以用讲段子的形式把产品展现出来）。

综上，无论运营者处于这4个象限中的哪一个类型，都能很好地找准定位。定位的方法其实非常简单，运营者只需掌握上抖音热门技能即可。抖音运营者要坚信这一点：只要有流量，就一定能卖货、带货。

抖音运营者卖产品的核心是想赚钱，而要想赚钱，短视频内容就要围绕产品来展开。那么，运营者如何围绕产品定位做好短视频内容？运营者需要解决的一个问题就是："你的产品满足谁的需求？你解决了谁的什么样的需求？"这两点是非常重要的。所以，如果抖音运营者拥有产品，就先要对产品进行衡量。具体来说，某运营者有纸尿裤这种产品，那么该运营者就需要分析："这个纸尿裤满足了谁的哪些需求？"

产品的功能细分特别简单。以纸尿裤为例，我们可以通过纸尿裤细分出哪些功能？当然，运营者细分角度不同，它的功能也会有差异。

产品的应用场景对于卖货、带货也非常重要。例如，很多人说："我在店铺里卖东西，抖音不让发广告，发了广告就会限流。"那么，运营者遇到这种情况怎么办？

笔者先举一个例子，哈尔滨有一个卖皮草的企业，其抖音企业号每天都拍一些段子，现在拥有100多万名粉丝。它们要做的就是把段子融合到销售场景中，从而在短视频中植入产品信息。另外，它们还会经常穿着皮草拍短视频。因此，运营者将产品信息融入短视频需要有一定的技巧。

现在微电商非常多，在这种情况下，很多人认为抖音企业号难以做化妆品营销。其实也不尽然，运营者可以先了解该产品的应用场景，然后从产品应用场景出发，细分内容。例如，上班要化什么妆？应聘要化什么妆？约会要化什么妆？晚上看演出要化什么妆？跳广场舞要化什么妆？上健身房运动要不要化妆？上学要不要化妆？可以看出，该化妆品的应用场景非常多，这都是运营者从产品定位出发所应该考虑的方面。

产品定位还需要做好产品与人的互动。产品和人究竟能够产生怎样的连接？这也是运营者从产品出发做内容的一个角度。

例如，祝晓晗抖音号近期植入了一个广告。祝晓晗的父亲说："德邦快递是不是120斤也上门取货？"随后，他给德邦快递打电话，说："我有一个件120斤。"快递员来了之后，祝晓晗的父亲就把祝晓晗推给快递员说："这个就是120斤的货，你赶快把她娶走。"快递员说："这哪有120斤，这也就90斤。"祝晓晗也跟着说："我哪有那么胖，我只有90多斤。"最后祝晓晗的父亲说："不管多少斤了，你赶快把她娶走吧！多余就当作嫁妆了。"接着就把祝晓晗推出门外。

这条视频收获了100多万个点赞，浏览量也超千万条。该视频实际上就是德邦快递品牌的植入，通过故事发生互动，从而在短视频中巧妙地植入品牌。

3.2.2 根据领域定位

图3-27所示为抖音常见领域。抖音常见领域包括搞笑、三农、养生、创业、美食、护肤、摄影、动画、知识付费、企业品牌宣传、招商、加盟、财经、军事、亲子、旅游、数码、电影等，任何一个领域都可以在抖音上获得流量，并进行卖货、带货。

图 3-27　抖音常见领域

图3-27重点列举了5个领域。第1个是搞笑领域。搞笑和段子在抖音上传播得是最广泛的，因为它能给人轻松的感觉。现在很多人都是利用碎片化时间看短视频，所以搞笑类的短视频内容吸引粉丝非常快。有的运营者问笔者："老师，我想卖产品，不想天天做搞笑视频。"其实，运营者可以将产品和搞笑元素结合，用搞笑元素来进行定位展现。

第 2 个是三农领域。农村任何一个特色产品都可以成为运营者的产品定位，都可以在该领域中脱颖而出。

第 3 个是养生领域。养生包括食疗、减肥、治颈椎病等各个方面。需注意的是，抖音并不是很扶持养生领域，但是运营者想要做好该领域也是有章可循的。

第 4 个是创业领域。创业领域的竞争非常激烈，有些运营者难以坚持下去或者做不起来，这主要是因为他们的创业知识没有和创业痛点结合起来。某些运营者只是把其他平台的内容直接放到抖音中，并没有进行加工，更没有深入了解粉丝的痛点。抖音运营者若击不中粉丝的痛点，就不会获得很高数量的点赞和评论，同时也不会获得更多的粉丝，要想卖货也就会更难。

第 5 个是美食领域。笔者接触的很多抖音达人大多做的是这个领域。例如"羊蹄西施"，该运营者已经做了矩阵账号，而且大部分账号在卖货变现。所以，做美食领域主要就是要把人设融入美食当中，这样运营者就能获得更多的粉丝，更好地卖货。

除了这 5 个领域之外，抖音上还有一些热门领域，如旅游。现在抖音上有大量的摄影机构，其视频的主要内容就是教别人怎么拍视频，特别是拍婚纱类的短视频。这类账号即使只有 10 万名或 8 万名粉丝，其引流作用也不可小觑。

例如，某运营者在丽江拍婚纱视频，那么想要结婚的年轻人可能会联系该运营者，去丽江拍婚纱短视频。这样一来，该运营者就可以把全国各地的粉丝都变成客户。

所以，无论运营者做哪一个领域，笔者给的一个真切的建议是：只要能够解决某个人群的痛点，并针对性地进行营销，那么就更容易胜出。

了解了抖音的常见领域之后，接下来介绍领域定位的主要原则。

第 1 个原则是重视目标粉丝的数量和共性需求。目标粉丝数量对运营者的影响非常大，如果目标粉丝数量巨大，那么运营者吸引目标粉丝的能力也就特别强。

第 2 个原则是进行优势分析。运营者如果没有任何产品，那么可以挖掘自己擅长的东西。例如，擅长干农活，那么该运营者就可以做三农抖音号。运营者拥有的特长可能是别人好奇的，也可能是别人感兴趣的，但是运营者自己却没有进行挖掘和发现。也就是说，运营者认为自己没有技能，但是其实他自己已经具备了技能。

关于自己优势的分析，笔者给出 3 个方法：第 1 个是挖掘身边的资源；第 2 个是和别人形成地域的差异；第 3 个是寻找运营者擅长的内容和未来的变现方法。例如，某运营者在东北，有很多南方人对东北的生活感兴趣，那么该运营者就可能吸引大量的南方粉丝。

关于领域定位，笔者就其中一个方面——粉丝基础进行详解。用户画像是领域定位的基础，其主要解决以下几个问题：目标用户都是谁？他们有什么样的需求？运营者提供的短视频是否满足了他们的需求？这些需求如何有效地转化为视频内容？这是运营者需要思考的。

其实，用户画像就是将用户标签化。用户标签就是运营者创作内容的参考和依据。例如，某运营者是做减肥产品的，他能给目标用户找出多少个标签呢？笔者总结了一些与减肥相关的关键词，如图 3-28 所示。

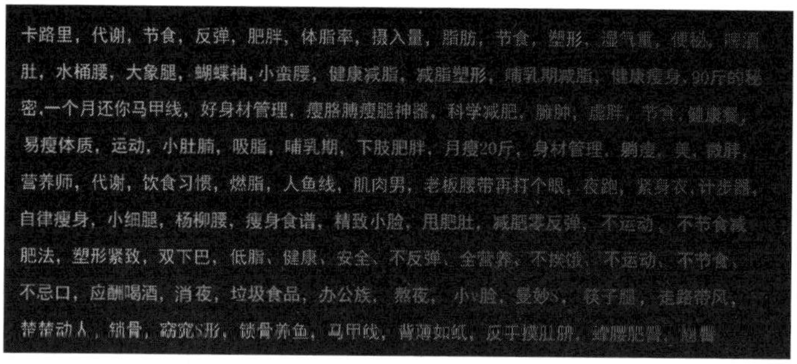

图 3-28　与减肥相关的关键词

关键词非常重要，如果运营者是做护肤产品的，也可以通过各种方法搜罗护肤类产品的所有标签。

3.2.3　根据人设定位

人设就是抖音粉丝感受到的这个账号的性格、情感和价值观。抖音上常见的人物性格特征分析，如狂热、励志、率真、原生态等，这些都是人设。此外，正能量、有情、有爱、呆萌这些人物的性格特征也是一种人设。

人设是能够带来流量和转化的，或者说是带货的基础。一个清晰的人设有利于运营者进行卖货、带货。读者一定要记住这句话："超强的人设能带货，专业的人设能卖货，模糊的人设只能娱乐。"抖音运营者中 99% 是没有专业学习过抖音账号运营的，很多账号的人设都是模糊的。因此，许多运营者今天发跳舞短视频，明天发唱歌短视频，后天发逛街短视频，没有一个基础的人设定位，很难吸引粉丝，更难卖货。

那么，抖音企业号如何做好人设？下面以情景剧或搞笑段子形式的抖音企业号为例进行说明。情景剧或搞笑段子形式的抖音企业号往往只有剧情，没有一个长期稳定的人物设定，所以个人IP打造方面有所欠缺，这样也会影响账号的卖货和带货能力。这类账号可以从3个方面重点进行人设规划。

一是外形特征的抓取。例如，一个做抖音情景剧的姐弟俩曾向笔者咨询人设问题，笔者看了他们的视频后对他们进行了外形特征规划。笔者建议打造大嘴姐、大嘴弟这样的形象定位。

如果外形特点定位在大嘴，那么在做内容时姐弟俩对嘴型就要夸张，强化"大嘴"这个标签。可以经常用一些特写镜头来表现强化该特征，同时可以通过放慢语速来配合画面。所谓外形特征的定位，就是运营者从自己身上寻找特点（包括性格特征）。抖音运营者只有从自身出发才能做出独占性，切记不要看别人某个特点很火就去模仿，正所谓"学我者生，似我者死"，如果该特点不属于自己，强行模仿就没有任何意义。

二是人设中性格特征或行为特征的定位。人物性格在人设定位中占到80%的比例，因为人物性格往往决定了粉丝的互动性。有的人内心善良，有的人言语幽默化，有的人积极正能量，也有的人很单纯，不同的性格往往会形成独特的人格魅力体。

在进行性格特征定位时，运营者首先要注意的是，不能用普遍的性格特征来打造主要人设，如善良、可爱等，因为所有人都具备的性格特征并不具备个性化。

其次要注意的是，剧情中的人物人设一定要形成反差。例如，姐姐的人物设定为嘴大的大龄剩女、善良、爱表现（只要夸美就得意忘形，丧失警惕……），弟弟的人物设定为阳光、懒惰、爱幻想、装成熟。

在故事情节当中，以人物设定为基础，情节就是弟弟是白，姐姐就是黑；弟弟聪明，姐姐就是笨。也就是说，在每一个段子当中，内容和人的性格特征一定要相吻合且具有反差。如果没有一个固定的人设，每条内容中都是混乱、模糊的人设，则非常不利于长期的个人IP形成。

三是在内容里具体体现。以假装成熟的人物性格特点为例，如弟弟对生活经常发出一些感慨，但是感慨的事情他自己没有经历过，经常被姐姐打击。

再如，弟弟帮助单身姐姐辅导恋爱心法，说得头头是道，但最后姐姐可能会说一句话："我记得你从来没有过女朋友呀。"弟弟就被打击得体无完肤。两个人拍段子最好是一反一正，这样才能形成强烈的反差和反转。

综上，大家可以结合自己的特点规划人设，在短视频中把人设体现出来。

3.2.4　根据展现形式定位

短视频展现形式主要有9种，下面重点讲解。

第1种是图文形式（包括翻转字幕的形式）。情感、读书、技能和知识输出类的账号适合用图文形式。

第2种是录屏形式。例如，把教学技能录屏下来，然后教给大家，这就属于录屏形式。技能类的录屏形式通常偏实操性。还有情感类的内容，如两个人的微信对话，也可以采取录屏形式录下来。

第3种是街访形式。街访就是街头访问。街访形式一般适用于本地信息号，如某些抖音企业号在街头访问关于谈恋爱的事情，这样可吸引本地更精准的粉丝进行导流。

第4种是剧情形式。很多搞笑、段子、情感类的账号会采用剧情形式。其中，比较有代表性的一个账号是"陈翔六点半"，其基本上是用剧情形式展现幽默搞笑内容。图3-29所示为该账号发布的一个视频。在该视频中，一个女生不小心把自己的素颜照发到了朋友圈，还来不及删除就被"飞车党"抢走了手机。联想到亲戚朋友看到素颜照会嘲笑她，她便铆足劲将"飞车党"的电动摩托拖住，以至于"飞车党"都被她爆发出的力气吓到了。这个视频就是典型的用剧情形式展现搞笑内容。

第5种是情景再现形式。例如，一些解说"80后"的账号再现了20世纪80年代的一些事物：穿着喇叭裤、戴着红军帽、骑着自行车等。这种回忆式的情景再现会让人觉得很有意思。

第6种是特效形式。很多创意类、技术类的账号一般会使用这种形式。例如，"疯狂特效师"发布的视频就用了很多特效，图3-30所示为该账号做的特效视频。

图 3-29　用剧情形式展现搞笑内容

图 3-30　结合歌曲做特效展示

第 7 种是讲授形式。讲授形式包括讲知识、脱口秀，站在那儿讲、坐在那儿讲、走动着讲、边运动边讲、边做事情边讲等。

第 8 种是话剧形式。这种形式一般在摄影中展现。

第 9 种是视频博客形式。这是比较新的展现形式，视频博客就是 Vlog，用于记录生活。

运营者选择好的展现方式可以给短视频锦上添花，笔者下面介绍一个脱口秀案例。例如，一个小女孩在走，另一个人问她关于减肥的事情，然后她进行回答，这是用一问一答的形式做脱口秀。当然，如果有技术条件，运营者也可以做成自问自答形式，一个人扮演两个角色，papi 酱使用的就是这种形式。

对于成功的抖音企业号，笔者总结了一个公式，具体如下：

抖音号 = 设定的人物性格 + 变现方式 + 领域内容 + 展现形式

抖音企业号也好，抖音个人号也罢，都是从变现方式和产品出发，确定账号的人设，然后规划领域的内容，用最适合的展现形式表达出来，或者用最丰富的展现形式表达出来。

那么，运营者应如何判断定位是否成功了？例如，某抖音企业号定位在销售领域，运营者喜欢用幽默的形式推销产品，大家都说该运营者是一个幽默的营销专家。这就说明该抖音企业号的定位非常成功。

运营者的定位就是别人心目中对该账号的印象，即粉丝向别人推荐时，可以准确地知道如何推荐该抖音号。如果运营者发的短视频内容非常混乱，没有一个统一的定位，导致别人无法准确表达该账号的具体定位，这就说明运营者的定位失败了。

3.3 定位实操：必须要掌握的 3 要点

了解 4 维定位法之后，接下来结合 4 维定位法进行定位实操。

3.3.1 切割定位

笔者经常强调抖音定位是核心，而关于其中的领域定位，90% 的企业布局是多领域的，其实笔者并不建议这样做。这样做虽然说不上是错误，但是战略性不强。如果运营者做多账号矩阵，笔者强烈建议细分领域，如彩妆、母婴或者汽车用品等。例如，OPPO 的子账号"ColorOS"和"OPPO 声学"，其垂直领域都和母账号一样，都是科技领域，如图 3-31 所示。

图 3-31　OPPO 的子账号

大部分抖音矩阵账号分散在不同领域，其产品分布广泛，用工较多且管理难度大；品类多，账号内容管理运营精力分散，不容易出爆款或上热门；对接商品渠道分散，供应链管理混乱；账号类目分散，没有爆款账号，无法进入品类热门销售排名榜单，没有影响力。

抖音多账号矩阵进行领域细分的好处是：聚焦一个细分领域，培养的运营和出镜人员更聚焦，更容易裂变复制；聚焦一个细分领域，更容易形成账号优势，对供应链有谈判优势；聚焦一个细分领域，更容易形成矩阵效应，占领细分领域排名，更具有品牌效应。

所以，切割细分领域对一个公司具有战略意义。公司旗下多个账号组合成矩阵，一定会在某细分领域内有很强的带货能力。具体来说，运营者带货能力强才有品牌效应，才有供应链优势；运营者集中优势深耕细分领域，才更具有战略价值。切忌多点布局，分散撒网。

切割领域能够给抖音运营者带来很多好处，那么如何进行切割定位，快速做出一个占领细分品类的抖音企业号呢？对此，我们可以进行"品类切割"。

例如，李佳琦被称为"口红一哥"。如果运营者只做抖音好物，那么在口红营销上是很难超越李佳琦的，所以运营者要从其他方向进行定位切割。例如，定位于适合校园的口红、高性价比口红、淘大牌口红、情侣口红等。

通过品类切割的理念，运营者可以从口红品类当中切割出一个细分内容，专注做这类商品，从而实现"弯道超车"，创造一个新的品类，并做到该新品类抖音带货销量或者粉丝心目中定位的前列。

对一个细分市场进行布局，当运营者占领了一个细分品类时，自然就会有很高的知名度。这就是一个快速占位、快速突破的非常好的抖音带货布局方法。

3.3.2　万能公式定位

笔者给很多企业做过定位诊断，它们运营抖音企业号最大的困惑是不知道应该如何定位，以及如何去做内容。下面总结一个能够解决任何行业定位问题的万能公式，如下：

精准涨粉＝产品＋目标用户画像＋内容化呈现

第1个是产品。产品是精准变现的基础，没有产品就无法在抖音上形成一个变现闭环。因此，运营者的所有内容都要从产品出发，以产品为中心。甚至可以说，产品决定了运营者应该面对哪些用户。

第2个是目标用户画像。例如，卖护肤品的抖音企业号，它的目标用户是谁？从事小学教育领域的企业号，它的目标用户应该是多大年龄的家长？推广农业机械的企业号，它应该面对什么样的人群？所以，目标用户有所变化，运营者的内容肯定要跟着变化。

第3个是内容化呈现。运营者通过产品吸引了一大批目标用户，并进行了用户画像分析，具体了解了目标用户的喜好，制定了相关的营销策略，接下来运营者要做的就是呈现有价值的内容。

某运营者通过媒体渠道添加了笔者微信，他从事的是灯饰行业，所以向笔者咨询的是运营灯饰抖音企业号的技巧。笔者粗略看了一下他的抖音号，其发布的20多条内容都没有任何价值点，账号也只有1000名左右的粉丝，难以形成购买量。该账号的主要问题在于没有把产品内容化，用内容化的产品影响目标用户。

以灯饰为例，如果运营者直接拍摄推销灯饰的视频，肯定无法吸引精准粉丝。此时运营者需要将灯饰这个题材内容化，如将灯饰和家装结合，拍一条关于"客厅里最不应该装的就是水晶灯"的短视频，因为在擦洗过程当中会非常累等。长期输出和家装结合的灯饰内容，并逐渐固定下来，这就称为内容化。

总之，抖音短视频是以内容为主的，运营者只要用好了该公式，就能够吸引精准粉丝，实现快速增粉。

3.3.3　单条内容定位

做任何事情都要有目标，因为只有有了目标，抖音运营者才会知道运营方向。例如，运营者做抖音企业号时可能会考虑如下内容。

（1）可能想成为网红，未来接广告，甚至走向综艺、影视等方向。

（2）想在抖音上进行品牌宣传，或者是引流到其他平台。

（3）在抖音直接卖货赚钱。

这些内容和运营者自己的目标有关，同时也和定位有关。不仅如此，笔者认为，一个单条的视频内容也要有定位。

每条抖音短视频都要有目标，具体内容如下。

（1）上热门，提高播放量。

（2）完善人设。

（3）维护账号垂直。

（4）涨粉，提高播放关注比。

（5）卖货，提高转化率。

即使是为了凑数而发一条短视频，运营者也要有一个明确的目的。很多人虽然学会了视频拍摄和剪辑，但是90%的人没有学会抖音账号的运营和粉丝运营，这就浪费了大量的机会，是在做无用功。抖音运营者只有清楚每一条视频的运营目标，才能制作出有针对性的内容，这样才能有的放矢，快速实现目标。

/第/ 4 /章/

团队搭建：助力企业主打造营销阵地

对抖音个人号而言，有可能只需要一个人就能完成抖音运营工作。但是抖音企业号不一样，它关系整个企业的形象，甚至影响着企业的某些业务。因此，一个企业要想运营好自己的抖音企业号，需要利用自己手中的资源，组建一个强大的短视频团队。

4.1 人员配置：高效组建抖音视频团队

根据企业投入的资金不同，可以将抖音短视频团队分成3个配置，如表4-1所示。

表 4-1　视频团队配置

高配	中配	低配
编导	内容运营	自编自导自演自拍自剪的短视频运营者
道具		
运营		
演员	演员	
化妆		
配音		
剪辑	视频制作	
摄影		

1. 高配

高配的抖音视频团队如"陈翔六点半"官方抖音企业号，如图4-1所示。

"陈翔六点半"团队早在2014年就已经拍摄爆笑迷剧，后来随着抖音短视频等平台大火，它们开始了多平台战略。图4-2所示为"陈翔六点半"团队拍摄现场，可以看出该团队拥有专业的器材和各司其职的专业人员。

"陈翔六点半"抖音企业号的定位是搞笑短视频，随便点开两个它们的抖音短视频，从其中流畅的剪辑、自然的表演、接地气的台词、简洁的布景等都可以看出该团队在短短几十秒的短视频里倾注了很多心血和热情，如图4-3所示。

图 4-1　"陈翔六点半"官方抖音企业号　　图 4-2　"陈翔六点半"团队拍摄现场

图 4-3　"陈翔六点半"的视频

2. 中配

　　中配抖音短视频团队比较常见，大部分抖音企业号发布的短视频都是由该类型的团队制作的。图 4-4 所示为"放心选—母婴评测"抖音企业号，从短视频中可以看出，它们制作一个短视频只需要主讲人、摄影师和后期剪辑师即可。

图 4-4　"放心选—母婴评测"的视频

当然，中配抖音短视频团队都有侧重点，如"黑脸 V"团队制作的短视频侧重于后期和特效，编剧和化妆师等工作人员则不是特别重要，如图 4-5 所示。

图 4-5　"黑脸 V"团队制作的短视频

例如，"小片片说大片"解说类的抖音企业账号侧重于剪辑和配音，摄影师的存在感并没有那么强，如图 4-6 所示。

图 4-6　"小片片说大片"抖音企业号

3. 低配

"网红"讲师严伯钧曾在布朗大学读博士，担任过中国香港科技大学交响乐团团长，后来开办了艺术公司，他被网友亲切地称为"互联网圈里最懂音乐的，音乐圈里最懂互联网的"。严伯钧在抖音上发布的短视频定位为传播知识，其多半都是拿手机自拍的，属于低配抖音短视频创作团队，如图 4-7 所示。

图 4-7　严伯钧的抖音短视频

在了解抖音短视频团队的配置后，抖音运营者还需要了解团队人员的职能要求，如表 4-2 所示。

表 4-2　团队人员的职能要求

职位/职能	策划	镜头脚本	拍摄	包装软件	抖音平台功能	抖音平台规则	剪辑软件
编导	精通	精通	了解	会基础	了解	了解	了解
摄影师	了解	精通	精通	会基础	了解	了解	了解
剪辑师	了解	了解	不一定	精通	了解	了解	精通
运营人员	了解	不一定	不一定	不一定	了解	了解	会基础

4.1.1　编导人员：把控视频的风格和内容

在整个短视频团队中，编导人员是核心，对整个视频的拍摄和制作起到决定性的作用。我们经常能看到网上对某些电影的评论——"浪费了这么强大的演员阵容""对不住这么强大的阵容"。例如，2013 年上映的商业大片《天机·富春山居图》，其豆瓣评分如图 4-8 所示。该片主演为刘德华、林志玲和佟大为，阵容很强大，但是由于导演和编剧功力欠佳，导致整个电影质量过低，口碑下滑，风评恶化，甚至成为近十年来烂片的"典范"，如图 4-9 所示。

图 4-8　《天机·富春山居图》豆瓣评分

图 4-9　网上差评如潮

在抖音短视频平台上可以看到一些优秀的案例，如"陈翔六点半"搞笑和反转共存的优秀短视频剧本，让人捧腹大笑的同时，也不由得感慨编剧的想象力之强大。同样，"我是不白吃"抖音号深耕美食领域，但是它采用动漫和美食科普相结合的方式制作短视频，在抖音上获得了 1500 多万名粉丝，获得总点赞量 1.7 亿条，不得不说这是一个很成功的案例。

笔者举一个最简单的例子，"火锅和噗噗噗"抖音号每天更新的是狗和猫咪的日常生活，如图 4-10 所示。

如果这是一个纯粹分享宠物日常生活的账号，那么"火锅和噗噗噗"抖音号也就不可能有 100 多万名粉丝。在我们日常观念里，猫和狗是大冤家，是死对头。但是该抖音账号的运营者别出心裁，在她拍摄的视频里，"火锅和噗噗噗"这对猫狗搭档却和谐相处，

图 4-10　"火锅和噗噗噗"抖音号

甚至她给它们配音，将它们打造成像恋人一般互相依恋的形象，如图 4-11 所示。如果该运营者在跟拍和编导中偏离了这个设定和形象，其拍摄的内容就不再是垂直领域，难以精准地获取粉丝，这体现的就是短视频拍摄时编导策划的重要性。

图 4-11　"火锅和噗噗噗"的短视频

笔者认为，在拍摄短视频的过程中，编导人员一般需要具备以下3点能力，如图 4-12 所示。

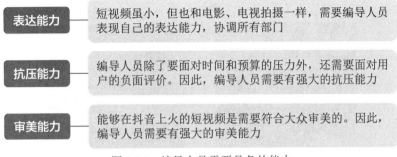

图 4-12　编导人员需要具备的能力

4.1.2　摄影人员：负责短视频的拍摄工作

一个短视频要想在抖音平台火起来，除了编导人员的创意外，还需要配备一名非常好的摄影师。如图 4-13 所示，该短视频构图没有美感，甚至清晰度还很低，这种粗制滥造的短视频注定难以大火。

图 4-13　构图欠佳且清晰度不高的视频素材

值得抖音短视频团队中摄影师学习的是抖音美食板块的摄影和构图技巧，其高饱和度的色彩和精美的构图使得短视频中的食物令人垂涎欲滴，如图4-14所示。

图 4-14　美食板块视频

4.1.3　剪辑人员：负责短视频的后期制作

剪辑师属于幕后工作人员，他们表面看起来不重要，事实上他们的工作关系到整个内容的质量。一个能力强的剪辑师能为短视频的故事增色，一个能力差的剪辑师能将整个故事剪辑得毫无逻辑。

最值得短视频团队玩味的是克里斯托弗·诺兰的高分悬疑电影《记忆碎片》，该电影虽然故事很普通，但凭借独特的剪辑手法，入选了"豆瓣电影TOP250"排行榜。

在该电影中，诺兰破天荒地将故事剪成两段，然后将这两段故事分别用正序和倒序的手法交叉剪辑在一起，给整个故事营造出悬疑的氛围。后来，有人将整个电影按正序剪辑出来，观众却觉得整个故事悬疑度瞬间减少了一半。图4-15和图4-16所示为《记忆碎片》的豆瓣评分与评论。

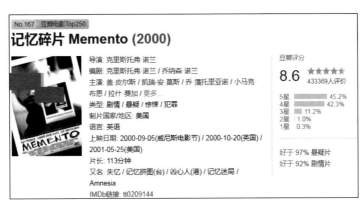

图 4-15 《记忆碎片》的豆瓣评分

看过 ★★★★★ 2007-02-19   1583 有用

导演用一种新颖的倒序方式营造出一种"支离破碎"的氛围，让观众深刻认识到Lenny破碎的生活，我们如Lenny般扮成侦探，在电影里寻找着所谓的真实。而那隐藏在复杂结构中的情感更让人没有办法不被感动。"如果自取才能使我快乐，我选择如此活着。" 我们要生存下去必须给自己一个理由，否则就会精神分裂。但那些我们坚持的东西可能只是自己假象中的虚幻。一觉醒来后看看天花板问问自己：我是谁？我为什么在这里？然后你开始回忆，当那些记忆的碎片一点一点拼凑起来，一个完整的可能也并不客观的现实呈现在眼前，你，是否惶恐？(收起)

图 4-16 网友关于《记忆碎片》剪辑手法的讨论

在短视频制作中，剪辑师负责的是后期制作，他们需要和编导团队沟通，利用自己的审美，从众多素材中剪辑出短视频成品，并给短视频选取合适的配乐、特效和配音。当然，剪辑师除了需要具备审美能力外，还需要具备以下素质，如图 4-17 所示。

需要一定的耐心　虽然短视频最终成品只有几十秒，但是剪辑师手中的素材有几十分钟甚至上百分钟。为保证视频剪辑一气呵成，思路不被打断，他们需要有足够的耐心

具备文学素养　剪辑师在短视频制作中的工作是重组整个故事，他们需要有一定的文学素养，才能利用配乐、特效、音乐等元素剪辑出一个完整的故事

图 4-17 剪辑师应该具备的素质

4.1.4 运营人员：负责短视频的宣传工作

运营人员主要负责短视频的宣传工作，此外还负责上传短视频、在评论

区与用户进行互动、收集整理用户的反馈信息等工作。对于运营人员而言，他们需要具备以下 3 种能力，如图 4-18 所示。

数据分析能力 —— 运营人员需要具备数据分析能力，能够从后台数据了解并分析粉丝画像，对视频的质量、受欢迎程度进行评估，摸索出自己的运营规律

自主学习能力 —— 短视频领域题材日新月异，短视频话题和热点也时时刻刻在变化着，运营人员应该具备自主学习能力，在短视频领域不断进行摸索和创新

自我调节能力 —— 运营人员直面的是用户，他们不仅负责制作团队与用户的沟通，同时也受到来自用户的压力。因此，运营人员需要具备自我调节能力，及时调整自己的情绪和状态

图 4-18　运营人员应该具备的能力

4.1.5　道具人员：提升短视频的内容品质

逼真的道具能更好地将用户带入短视频故事中，与故事中的情节、人物发生共鸣。在电影《妖猫传》中，导演陈凯歌没有临时搭建长安城的场景，而是化了几年时间重新建造出一个"长安城"，耗资达 30 亿元。图 4-19 所示为陈凯歌 1∶1 还原的盛唐建筑。

图 4-19　盛唐建筑

抖音号"记录剧组翻车现场"记录了道具师制作各种粗制滥造的道具"坑"导演和演员的场景，角度奇特，相对来说很有新意，如图 4-20 所示。

图 4-20　"记录剧组翻车现场"的短视频

按照用途，可以将道具分为两大类。第一类是场景道具。道具师在布景时，为了凸显环境的真实性，往往会放一些符合该环境的道具，但在拍摄时这些道具不一定会有特写镜头。如图 4-21 所示，其短视频标题为"美术教室里的电视"，短视频中一闪而过的图画、画板、颜料桶、画夹等都属于场景道具。

图 4-21　"美术教室里的电视"短视频

第二类是表演道具，整个短视频故事围绕表演道具展开。图 4-22 所示为薛之谦的"教你菠萝饭"短视频，薛之谦手上的那个菠萝就是表演道具。

图 4-22　薛之谦的"教你菠萝饭"短视频

4.1.6　演员：有镜头感和强烈表现力

短视频虽然只有短短几十秒，但是演员的表演却至关重要。首先，演员在镜头前表演要生动自然，这就是我们常说的镜头感；其次，演员在镜头前要有强烈的表现力。如图 4-23 所示，当狗见到主人裹着被单在摇头晃脑时，它也裹上被单跟着主人一起摇头晃脑。从短视频中可以看出这只狗很上镜，它的表演很有镜头感。

图 4-23　表演很有镜头感的狗

4.1.7　配音人员：好配音增加视频阅读量

如果短视频团队请不起专业的配音人员，可以选择用软件配音。图 4-24 所示为讯飞配音 APP 的合成配音功能和真人配音功能。

图 4-24　讯飞配音 APP 的合成配音功能和真人配音功能

如果短视频团队聘请的配音人员不够专业，可以选择购买声卡设备，从而配置出自己想要的声音，如男声、女声、童声等。图 4-25 所示为某品牌的声卡设备。

当短视频团队已经录制好音频后，可以选择用 Audition 专业软件对音频进行编辑。Audition 的前身为 Cool Edit Pro，它是专业的多音轨编辑工具，既有专业且全面的功能，又比其他专业音频编辑软件更容易上手。图 4-26 所示为 Audition 专业软件。

图 4-25　某品牌的声卡设备　　　　图 4-26　Audition 专业软件

短视频团队想要更专业的声音，可以选择到淘宝中搜索"配音师"。当然，不同的配音师，价格也不一样，如图 4-27 所示。

图 4-27　淘宝上的配音师

4.1.8　化妆人员：打造更吸睛的角色形象

在短视频拍摄中，化妆是要符合场景和剧情需要的。例如，在搞笑短视频中，被整蛊的人躲藏了 5 天后的憔悴模样就是通过化妆实现的，如图 4-28 所示。

图 4-28　化妆而成的憔悴模样

此外，还有一些更复杂的化妆技术，如在脸上或手上做一些化妆特效。图 4-29 所示为某抖音号发布的化妆特效短视频。

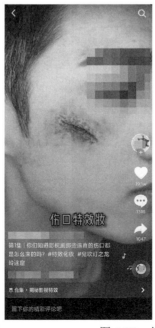

图 4-29　化妆特效短视频

4.2 运营逻辑：提高短视频团队效率

当企业找齐短视频团队成员后，就可以布局企业的账号矩阵，制定中小微企业团队搭建方案，优化团队效率。

4.2.1 布局企业的账号矩阵

账号矩阵可以分为两类，分别是横向矩阵和纵向矩阵。

1. 横向矩阵

横向矩阵指的是企业在全平台部署，包括自有 APP、官方网站、各种新媒体平台。主流的横向矩阵平台有百度、腾讯、新浪、阿里巴巴、今日头条等，而这些平台还可以细分，如百度的百家号、百度贴吧、百度文库、腾讯微信、腾讯视频、微视等，如表 4-3 所示。

表 4-3 横向矩阵

专业类	新闻类	公众类	商媒类	资讯类	问答类
钛媒体	网易自媒体	网易云阅读	亿欧网	UC 头条	百度文库
FT 中文网	搜狐自媒体	微信公众号	艾瑞网	ZAKER	百度知道
Donews	凤凰新闻	QQ 公众号	速途网	网易热	知乎
新浪博客	今日头条	腾讯企鹅号	品途网	Techweb	百度经验

2. 纵向矩阵

纵向矩阵指的是该企业在某个媒体平台的纵深布局，如很多企业除了有抖音企业号外，它们还会纵深布局头条号、西瓜视频、火山小视频等。表 4-4 所示为微信、今日头条、微博部分纵向矩阵。

表 4-4　纵向矩阵

微信	今日头条	微博
订阅号	头条号	状态
服务号	抖音	新浪看点
社群	悟空问答	秒拍视频
个人号	西瓜视频	一直播
小程序	火山小视频	爱动小视频

4.2.2　中小微企业团队搭建方案

对于短视频团队而言，定位的内容不一样，那么该账号可持续发展的空间也不一样，吸引的粉丝群体也不一样，短视频的拍摄和制作的侧重点也会不一样，对人才能力的要求也有所不同，如表 4-5 所示。此外，抖音企业号的定位决定了短视频团队成员的招揽、短视频内容的策划等。

表 4-5　抖音企业号的定位

内容类型	人才能力要求强度
知识讲解型	内容运营＞演员＞视频制作
娱乐剧场型	内容运营＞演员＞视频制作
感官体验型	视频制作＞演员＞内容运营

例如，"陈翔六点半"就是一个定位搞笑短视频的抖音企业号。因此，该抖音企业号在招揽人才时，肯定是优先招揽有喜剧天赋、搞笑功底的编导和演员。

同时，"陈翔六点半"一直以来都是以搞笑短视频吸粉引流的，突然之间转变视频风格只会流失大量粉丝，需要自己承受转型失败的风险。

因此，在抖音企业号定位时，抖音运营者自己对其短视频内容和团队定位也非常重要。

对于一个完整的短视频团队，除了要明确自己拍摄和制作的内容外，还需要进行明确的分工。笔者建议将团队业务架构分成 4 个模块：内容运营、用户运营、活动运营、投放运营，如图 4-30 所示。

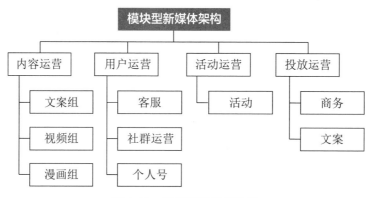

图 4-30　模块型新媒体架构

除了用业务模块配置团队人员外，还可以采取另一种措施——按照平台来配置团队人员。图4-31所示为按照微信、微博、抖音3个平台配置团队人员。其中，微信运营团队以文案为主，微博运营团队主要负责粉丝通投放，抖音运营团队主要负责短视频内容。

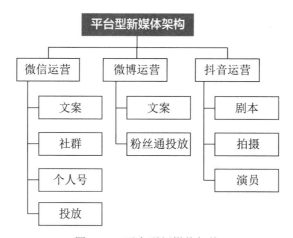

图 4-31　平台型新媒体架构

对于较大的企业和团队，如果开通的矩阵账号比较多，笔者建议采取平台型新媒体架构；如果是小企业和小团队，笔者建议采取模块型新媒体架构。

/ 第 / 5 / 章 /

运营策略：为企业构建品牌营销闭环

在制作短视频时，运营者要考虑的是短视频的定位和矩阵账号的打造。而视频发送出去后，用户也会根据视频的文字说明和开头内容决定是否要看完视频，对视频进行点赞、评论和转发。

5.1 内容运营：快速打造优质"蓝 V"企业号

本节为大家准备了很多实用的内容运营技巧，希望能帮助大家快速打造出高曝光率的爆款短视频。

5.1.1 清晰的短视频定位

短视频定位指的是为短视频运营确定一个方向，为内容发布指明方向。那么，如何对短视频进行定位呢？笔者认为可以从两个方面进行思考。

1. 短视频定位一，根据自身专长

对自身具有专长的人群来说，根据自身专长进行定位是一种最为直接和有效的定位方法。抖音运营者只需对自己或团队成员进行分析，然后选择某个或某几个专长进行账号定位即可。

为什么要选取相关特长作为自己的定位？因为如果今天分享视频营销，明天分享社群营销，那么关注社群营销的人可能会取消关注，因为你分享的视频营销他不喜欢，反之也是如此，"掉粉率"会比较高。记住：账号定位越精准、越垂直，粉丝越精准，变现越轻松，获得的精准流量就越多。

例如，"爱唱歌的萌叔"原本就是喜欢唱歌的人士，所以他将自己的账号定位为音乐作品分享类账号。他通过该账号重点分享了很多经典情歌和当下的一些热门歌曲，如图 5-1 所示。

又如，擅长舞蹈的"辛德瑞拉熊熊熊"，她拥有曼妙的舞姿。因此，她将自己的账号定位为舞蹈作品分享类账号。在该账号中，"辛德瑞拉熊熊熊"分享了大量舞蹈类视频，这些作品让她快速积累了大量粉丝，如图 5-2 所示。

图 5-1 "爱唱歌的萌叔"发布的短视频

图 5-2 "辛德瑞拉熊熊"发布的短视频

自身专长包含的范围很广，除了唱歌、跳舞等才艺之外，还包括其他诸多方面，就连游戏玩得出色也是自身的一种专长。

例如，斗鱼直播中一个名为"一条小团团"的主播，她将抖音号定位为游戏视频分享账号，并将抖音账号也命名为"一条小团团"。图 5-3 所示为其发布的短视频。

图 5-3　"一条小团团"发布的短视频

由此不难看出，只要短视频运营者或其团队成员拥有专长，且该专长领域颇受用户欢迎，那么将该专长作为账号的定位就是一种不错的定位方法。

2. 短视频定位二，根据用户需求

通常来说，用户需求的内容会更容易受到欢迎。因此，结合用户的需求和自身专长进行定位也是一种不错的定位方法。

大多数女性虽有化妆的习惯，但觉得自己的化妆水平尚不成熟。因此，这些女性通常会对美妆类内容比较关注。在这种情况下，短视频运营者如果对美妆内容比较擅长，那么将账号定位为美妆号就会比较合适。

笔者纵观快手与抖音的接单红人类型，除了美妆之外，短视频平台用户普遍需求的内容还有很多，如图 5-4 所示，搞笑、舞蹈、音乐、美食等名列前茅。

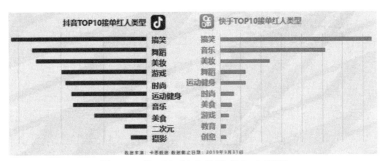

图 5-4 快手与抖音的接单红人类型

许多短视频用户，特别是比较喜欢做菜的短视频用户，通常都会从短视频中寻找一些新菜肴的制作方法。因此，如果短视频运营者自身就是厨师，或者会做的菜肴比较多，或者特别喜欢制作美食。那么，将账号定位为美食制作分享账号就是一种很好的定位方法。

例如，抖音上的"贫穷料理"是一个定位为美食制作分享的账号。该账号会通过视频将一道道菜肴从选材到制作的过程进行全面呈现，如图5-5所示。因为该视频分享的账号将制作过程进行了比较详细的展示，再加上许多菜肴都是短视频用户想要亲手烹饪的，所以其发布的视频内容很容易获得许多播放量和点赞量。

图 5-5 "贫穷料理"发布的短视频

5.1.2　高质的视频内容

持续分享高质量视频是最重要的环节。那些有几十万上百万名粉丝的抖音企业号，除了定位精准、聚焦行业、更新实用的内容外，最重要的一点就是每天更新至少一个原创优质视频，或者每周更新一个优质原创视频。这才是"涨粉"的关键，否则对小企业来说，几十万名粉丝相对容易，但上百万名粉丝就比较难做到了。

例如，湖南卫视的官方抖音号每天都会更新几条短视频，内容都以电视台的热门综艺节目和电视剧为主，如图5-6所示。

图 5-6　湖南卫视的官方抖音号

5.1.3　关联矩阵账号的6种方法

抖音上常见的矩阵形式主要有 6 种。抖音运营者只要用好了这 6 种矩阵，就能快速增强自身的带货能力。

1. 团队矩阵

团队矩阵并不是指用一个团队去运作某一个账号，而是集结团队的力量去打造一个话题、一种内容。因为这种团队化的运作可以充分发挥团队的力量，让整个团队"劲往一处使"，所以其打造的内容更容易在抖音上火起来。

如果某个团队、机构或者公司中的每个人都打造一个账号，那么将这些账号联合起来就形成了一个矩阵。图5-7所示为某舞蹈机构几位老师的抖音号，这些抖音号就组成了一个团队矩阵。该团队的形成不仅能让新推出的舞蹈快速得到推广，还能增强该舞蹈机构的知名度，吸引更多学员前来学习。

图 5-7　某舞蹈机构的团队矩阵

2. 领域矩阵

领域矩阵就是通过对不同领域的针对性营销，快速占领不同的人群，从而扩大受众群体，增强矩阵运营方的影响力。随着受众群体的增加和自身影响力的增强，卖货、带货自然也就能够起到更好的效果。

例如，"华为5G"和"华为终端"两个抖音号：一个专注于华为5G通信领域，另一个专注于华为终端数码产品，如图5-8所示。这就是典型的领域矩阵的打造。

图 5-8　华为的领域矩阵

3. 家庭矩阵

家庭矩阵就是以家庭为整体，通过家庭成员各自打造的抖音号，增强家庭的整体影响力和带货能力。因为家庭各成员的视角不同，所以同一件事展现在抖音用户面前时，便可以看到这件事的几个不同方面。

许多人之所以喜欢看家庭剧，就是因为家庭剧不仅能展现家庭观念和家庭关系，还能从不同家庭成员的角度看待问题，从中寻找共鸣。

例如，小金刚这个家庭就是从小金刚、小金刚的爱人和小金刚的父亲的角度，重点打造了 3 个不同的抖音号，并且这 3 个抖音号粉丝量最少的都超过了 100 万名，如图 5-9 所示。

虽然这 3 个账号一般展现的都是家庭成员间的相处情境，但是因为每个抖音号的主角不同，看待问题的角度不同，所以抖音用户在看这 3 个账号的内容时，就像是在看一出家庭剧。于是，很多用户看到他们的内容之后，都会比较感兴趣。

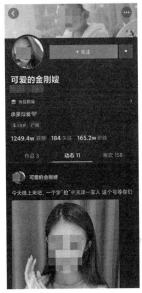

图 5-9　小金刚打造的家庭矩阵

　　另外，这 3 个账号中的某个账号发布内容时，会时不时地 @ 另外两个账号，如图 5-10 所示。因此，这 3 个账号在形成家庭矩阵的同时，还对抖音用户起到了非常好的引导作用，这也是这 3 个账号都拥有一定粉丝量的重要原因。

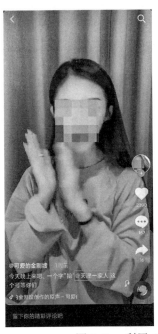

图 5-10　利用 @ 功能引导抖音粉丝

4. 个人矩阵

个人矩阵就是以不同维度将与个人相关的内容展现出来。例如，可以先做一个专门发布搞笑视频的抖音号，然后做一个展现专业知识的抖音号，最后做一个展现个人日常的抖音号。这样一来，这 3 个抖音号就组成了个人矩阵。

例如，石榴哥就是通过"丽江石榴哥"和"石榴哥日常"这两个抖音号来打造个人矩阵的，如图 5-11 所示。

图 5-11 石榴哥的个人矩阵

在打造个人矩阵时一定要注意：无论打造了多少个账号，如果是同一个人出镜，最好在出镜形象上形成一些差异，如可以改变穿衣风格，或者是发型。之所以要这样做，是因为如果形象完全相同，视频的内容也大致相同，很可能会被系统判定为抄袭和搬运视频。

5. MCN矩阵

简单来说，MCN（Multi-Channel Network，多频道网络）矩阵就是通过在不同的平台打造账号，从而将不同的平台联合起来，形成矩阵，并在此基础上塑造 IP，进行变现。

通常来说，MCN 矩阵比较适用于具有专业素质的人群。这些人会在抖音运营的同时，一起运营今日头条、快手、火山小视频和微视等多个平台，通过多个平台的联合运营塑造 IP，增强 IP 的影响力。图 5-12 所示为小沈阳在抖音和快手的账号，这两个账号联合起来就形成了 MCN 矩阵。

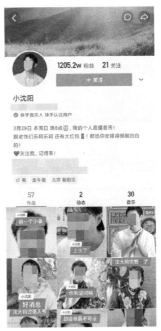

图 5-12 小沈阳的 MCN 矩阵

6. 粉丝矩阵

简单来说，粉丝矩阵就是借助粉丝的力量打造营销矩阵。抖音运营者可以引导粉丝产出与自身账号同领域的内容，把某个内容或者某个话题快速炒热，吸引大量抖音用户的关注。

例如，抖音运营者在大街上出镜时，可以让粉丝将幕后花絮拍摄出来，上传至抖音；又如，和粉丝见面时，可以让粉丝把见面的场景拍摄成视频，通过粉丝的抖音账号上传到抖音平台。

就像大家熟悉的石榴哥，他之所以能够在抖音走红，最初就是因为其他人不经意间拍摄了他卖石榴的视频，并将视频上传到了抖音上。而且，他走红之后，也有许多粉丝会拍摄与他有关的视频，上传至抖音平台，如图 5-13 所示。

图 5-13　粉丝拍摄的石榴哥视频

粉丝矩阵的打造不仅能增强 IP 的影响力,还能促进与粉丝的互动。所以,在积累了一定的粉丝量之后,抖音运营者一定要打造粉丝矩阵。甚至,为了让粉丝拍摄与抖音号有关的视频,抖音运营者还要多选择去一些人流量比较多的地方,主动制造机会。

5.2 文案运营:抖音文案策划的三大要素

抖音文案创作主要有三大要素,分别是标题制作的要点、标题写作的技巧、常见吸睛标题写作方式。

5.2.1　标题制作的要点

作为短视频的重要部分,标题是短视频运营者需要重点关注的内容。标题创作必须要掌握一定的技巧和写作标准,只有熟练掌握标题撰写必备的要素,才能更好、更快地实现标题撰写,达到引人注目的效果。

那么，在撰写抖音短视频标题时，应该重点关注哪些方面，并进行切入和语言组织呢？接下来即介绍标题制作的要点。

1. 不做"标题党"

标题是短视频的"窗户"，用户如果能从这一扇"窗户"中看到短视频内容的一个大致提炼，就说明这一文章标题是合格的。换句话说，就是标题要体现出短视频内容的主题。

虽然标题就是要起到吸引受众的作用，但是如果受众被某一文章标题吸引，阅读文章内容之后却发现题不对文，就会降低用户的信任度，从而拉低短视频的点赞量和转发量。

这也要求运营者在撰写短视频标题时，一定要注意所写的标题与内容主题的紧密程度，切勿"挂羊头卖狗肉"、做"标题党"，尽可能让标题与内容产生紧密关联。

2. 重点要突出

一个标题的好坏直接决定了短视频点击量和完播率的高低，所以在撰写标题时，一定要重点突出，简洁明了，标题字数不要太长，最好是能朗朗上口。这样才能让受众在短时间内就能清楚地知道视频想要表达的是什么，抖音用户也就自然愿意点击查看短视频内容。

在撰写标题时，要注意标题用语的简短，突出重点，切忌标题成分过于复杂。标题简单明了，用户在看到标题时就会有一个比较舒适的视觉感受，阅读起来也更为方便。

5.2.2　标题写作的技巧

一个文案，最先吸引浏览者的一定是标题，好的标题才能让浏览者点进去查看视频内容，让视频上热门。因此，拟写文案的标题就显得十分重要，而掌握一些标题创作技巧也就成为每个短视频运营者必须要掌握的核心技能。

1. 拟写标题三大原则

评判一个标题的好坏，不仅要看它是否有吸引力，还需要参照一些其他原则。在遵循这些原则的基础上撰写的标题，能让短视频更容易上热门。这些原则具体如下。

1）换位原则

短视频运营者在拟定内容标题时，不能只站在自己的角度思考，更要站在受众的角度思考。也就是说，应该将自己当成受众——如果自己想知道这个问题，自己会用什么搜索词搜索这个问题的答案？这样写出来的内容标题才会更接近受众心理。

因此，短视频运营者在拟写标题前，可以先在浏览器中搜索相关的关键词，然后从排名靠前的文案中找出这些标题的规律，再将这些规律用于自己要撰写的标题中。

2）新颖原则

短视频运营者如果想要让自己的标题形式变得新颖，可以采用多种方法。笔者在这里介绍几种比较实用的标题形式。

（1）标题写作要尽量使用问句，这样比较能引起人们的好奇心，如"谁来'拯救'缺失的牙齿？"这样的标题会更容易吸引读者。

（2）标题创作时要尽量写得详细、细致，这样才会更有吸引力。

（3）要尽量将利益写出来，无论是读者阅读这篇文案后带来的利益，还是这篇义案中涉及的产品或服务带来的利益，都应该在标题中直接告诉读者，从而增加标题对读者的影响力。

3）关键词组合原则

通过观察，我们可以发现能获得高流量的文案标题都是拥有多个关键词并且进行组合之后的标题。这是因为只有单个关键词的标题，其排名影响力不如含有多个关键词的标题。

例如，如果仅在标题中嵌入"面膜"这一个关键词，那么用户在搜索时，只有搜索到"面膜"这一个关键词时文案才会被搜索出来；如果标题上含有"面膜""变美""年轻"等多个关键词，用户在搜索其中任意关键词时，文案都会被搜索出来，标题"露脸"的机会也会更多。

2. 涵盖文章，凸显主旨

俗话说："题好一半文。"意思就是说，一个好的标题就等于一半的文案内容。衡量一个标题好坏的方法有很多，而标题是否体现视频的主旨就是衡量这些标题好坏的一个主要参考依据。

如果一个标题不能做到在受众看见它的第一眼就明白它想要表达的内容，由此得出该视频是否具有点击查看的价值，那么受众在很大程度上就会放弃查看这一篇文案。那么，文案标题是否体现文案主旨将会造成什么样的结果呢？具体分析如图5-14所示。

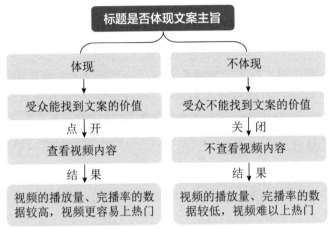

图 5-14 标题是否体现文案主旨将造成的结果分析

经过分析，大家可以直观地看出，文案标题是否体现文案主旨会直接影响短视频的营销效果。所以，短视频运营者想要让自己的视频上热门，那么一定要多注意让文案的标题体现其主旨。

3. 掌握"词根"，增加曝光

笔者在前文中介绍标题应该遵守的原则时，曾提及写标题要遵守关键词组合原则，这样才能凭借更多的关键词增加文案的曝光率，让自己的文案出现在更多用户的面前。在这里将给大家介绍如何在标题中运用关键词。

进行文案标题编写时，短视频运营者需要充分考虑怎样吸引目标受众的关注。而要实现这一目标，就需要从关键词着手，考虑关键词中是否含有"词根"。

"词根"指的是词语的组成根本，只要有"词根"，就可以组成不同的词。短视频运营者只有在标题中加入有"词根"的关键词，才能将文案的搜索率提高。

例如，一篇文案标题为"十分钟教你快速学会手机摄影"，那该标题中"手机摄影"就是关键词，而"摄影"就是"词根"，根据"词根"可以写出更多与摄影相关的标题。

5.2.3 常见吸睛标题写作方式

在短视频运营过程中，标题的重要性不言而喻，正如曾经流传的一句话所言：“标题决定了80%的流量。”虽然其来源和准确性不可考，但由其流传之广就可知，其中涉及的关于标题重要性的话题是非常值得重视的。

在了解了标题设置目的和要求的情况下，接下来介绍怎样设置标题。

1. 福利型

福利型标题是指在标题上向受众传递一种“查看这个短视频你就赚到了”的感觉，让抖音用户自然而然地想要看完短视频。一般来说，福利型标题准确把握了用户贪图利益的心理需求，让用户一看到“福利”的相关字眼就会忍不住想要了解短视频的内容。

福利型标题的表达方法有两种：一种是比较直接的方法，另一种则是间接的表达方法。虽然方法不同，但其效果相差无几，具体如图5-15所示。

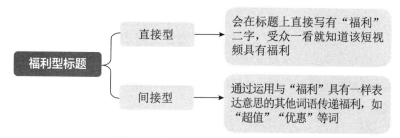

图5-15 福利型标题的表达方法

福利型标题通常会给受众带来一种惊喜之感。试想，如果短视频标题中或明或暗地指出含有福利，你难道不会心动吗？

直接福利型和间接福利型标题的经典案例如图5-16和图5-17所示。

这两种类型的福利型标题虽然稍有区别，但本质上都是通过“福利”来吸引受众的目光，从而提升文章的点击率。

值得注意的是，运营者在撰写福利型标题时，无论是直接型还是间接型，都应该掌握3点技巧，如图5-18所示。

图 5-16　直接福利型标题

图 5-17　间接福利型标题

```
福利型标题的撰写技巧 ┐─ 点明提供的优惠、折扣以及活动
                    ├─ 了解受众最想得到的福利是什么
                    └─ 提供的福利信息一定要真实可信
```

图 5-18　福利型标题的撰写技巧

　　福利型标题既可以吸引抖音用户的注意力，又可以为用户带来实际利益。当然，在撰写福利型标题时也要注意，不要因为侧重福利而偏离了主题，而且最好不要使用太长的标题，以免影响短视频的传播效果。

2. 价值型

　　价值型标题是指向用户传递一种只要查看了短视频就可以掌握某些技巧或者知识的标题。

　　价值型标题之所以能吸引受众的注意，是因为其抓住了人们想要从短视频中获取实际利益的心理。许多抖音用户都带着一定的目的刷短视频，要么希望短视频含有福利，如优惠、折扣，要么希望能从短视频中学到一些有用的知识。因此，价值型标题的魅力是非常大的。

在打造价值型标题的过程中，往往会遇到这样一些问题，如"什么样的技巧才算有价值？""价值型标题应该具备哪些要素？"等。那么价值型标题到底应该如何撰写呢？笔者将其技巧总结为 3 点，如图 5-19 所示。

撰写价值型标题的技巧
- 使用比较夸张的语句突出价值
- 懂得一针见血地抓住受众的需求
- 重点突出技巧知识点好学、好用

图 5-19　撰写价值型标题的技巧

值得注意的是，在撰写价值型标题时，一定不要提供虚假信息，如"一分钟一定能够学会××""三大秘诀包你××"等。价值型标题虽然需要添加夸张的成分在其中，但要把握好度，要有底线和原则。

价值型标题通常会出现在技术类的文案中，主要为受众提供实际好用的知识和技巧。图 5-20 所示为价值型标题的典型案例。

图 5-20　价值型标题

抖音用户在看见这种价值型标题时，就会更加有动力去查看短视频的内容，因为这种类型的标题会给人一种学习该技能很简单，不用花费过多的时间和精力的印象。

3. 励志型

励志型标题最为显著的特点就是"现身说法"，一般是通过第一人称的讲故事方式，故事的内容包罗万象，但总的来说离不开成功的方法和经验等。

如今很多人都想致富，却苦于没有致富的途径，如果这时给他们看励志型短视频，让他们知道其他人是怎样打破枷锁，走上巅峰的，他们就很有可能对带有这类标题的内容感到好奇，因此这样的标题结构就会看起来具有独特的吸引力。励志型标题模板主要有两种，如图5-21所示。

图 5-21　励志型标题的模板

励志型标题的好处在于鼓动性强，容易制造一种鼓舞人心的感觉，勾起抖音用户的欲望，从而提升短视频的完播率。

那么，打造励志型标题是不是仅依靠模板就可以呢？答案是否定的，模板固然可以借鉴，但在实际操作中，还是要根据内容的不同而研究特定的励志型标题。总的来说，打造励志型标题时有3种经验技巧可供借鉴，如图5-22所示。

图 5-22　打造励志型标题可借鉴的经验技巧

一个成功的励志型标题不仅能带动受众的情绪，而且能促使抖音用户对短视频产生极大的兴趣。图5-23所示为励志型标题的典型案例，其都带有较强的励志情感。

图 5-23　励志型标题

励志型标题一方面是利用抖音用户想要获得成功的心理；另一方面则是巧妙掌握了情感共鸣的精髓，通过带有励志色彩的字眼来引发受众的情感共鸣，从而成功吸引受众的目光。

4. 冲击型

不少人认为"力量决定一切"，这句话虽带有太绝对化的主观意识在其中，但还是有着一定道理的。其中，冲击力作为力量范畴中的一员，在抖音短视频标题撰写中有其独有的价值和魅力。

冲击力即带给人在视觉和心灵上的触动的力量，也即引起抖音用户关注的原因所在。

在具有冲击力的标题撰写中，要善于利用"第一次"和"比……更重要"等类似的具有比较特点的表达。因为受众往往比较关注那些具有特别突出特点的事物，而"第一次"和"比……更重要"等是最能充分体现其突出性的，往往能带给受众强大的戏剧冲击感和视觉刺激感。

图 5-24 所示为一些带有冲击感的抖音短视频标题案例。这两个短视频的标题就是利用"第一次"和"比……更重要"这种比较性的语言，给抖音用户造成了一种视觉乃至心理上的冲击。

图 5-24 冲击型标题

5. 揭露型

揭露型标题是指为受众揭露某件事物不为人知的秘密的标题。大部分人会有一种好奇心和八卦心理，这种标题恰好可以抓住受众的这种心理，从而给受众传递一种莫名的兴奋感，充分引起受众的兴趣。

短视频运营者可以利用揭露型标题做一个长期的专题，从而达到一段时间内或者长期凝聚受众的目的。揭露型标题比较容易打造，只需把握三大要点即可，如图 5-25 所示。

打造揭露型标题的要点

在短视频标题中清楚表达事实真相是什么

在短视频标题中突出展示真相的重要性

在短视频标题中适当运用夸张的词语等

图 5-25 打造揭露型标题的要点

揭露型标题最好在标题中显示出冲突性和巨大的反差，这样可以有效吸引受众的注意力，使受众认识到视频内容的重要性，从而愿意主动观看视频，提高短视频的播放量。

图 5-26 所示为揭露型标题，这两个短视频的标题都侧重于揭露事实真相，视频内容也侧重于讲解不为人知的新鲜知识，从标题上就做到了先发制人，因此能够有效吸引受众的目光。

图 5-26　揭露型标题

揭露型标题提供了具有价值的信息，能够为受众带来实际的利益。

6. 悬念型

好奇是人的天性，悬念型标题就是利用人的好奇心来打造的，首先抓住受众的目光，然后提升受众的阅读兴趣。

标题中的悬念是一个诱饵，引导抖音用户查看短视频的内容，因为大部分人看到标题里有没被解答的疑问和悬念，就会忍不住想进一步弄清楚到底是怎么回事。

悬念型标题在日常生活中运用得非常广泛，也非常受欢迎。人们在看电视、综艺节目时也会经常看到一些节目预告之类的广告，这些广告就会采取悬念型标题引起观众的兴趣。利用悬念撰写标题的方法通常有 4 种，如图 5-27 所示。

利用悬念撰写标题的常见方法 ┫
- 利用反常现象给短视频营造悬念氛围
- 利用容易变化的现象给短视频营造悬念氛围
- 利用用户的欲望给短视频营造悬念氛围
- 利用不可思议的现象给短视频营造悬念氛围

图 5-27　利用悬念撰写标题的常见方法

悬念型标题的主要目的是增加短视频的可看性，因此抖音运营者需要注意的一点是，使用这种类型的标题时，一定要确保短视频内容确实能够让用户感到惊奇，充满悬念，否则就会引起受众的失望与不满，继而就会让用户对抖音号产生置疑，影响抖音号在抖音用户心中的美誉度。

悬念型标题是抖音运营者青睐有加的标题型之一，如果不知道怎么取标题，那么悬念型标题也是一个很不错的选择。但是，在设置悬疑型标题时需要非常慎重，最好是有较强的逻辑性，切忌为了标题走"钢索"，而忽略了文案营销的目的和文案本身的质量。

悬念型标题是运用得比较频繁的一种标题型，很多短视频都会采用这一标题型来引起受众的注意力，从而达到较为理想的营销效果和传播效果。图 5-28 所示为悬念型标题的典型案例。

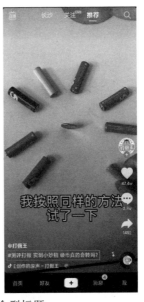

图 5-28　悬念型标题

7. 借势型

借势是一种常用的标题撰写手法，借势不仅完全是免费的，而且效果非常可观。借势型标题是指在标题上借助社会上一些时事热点来给短视频造势，增加点击量。

借势一般是借助最新的热门事件吸引受众的目光。一般来说，时事热点拥有一大批关注者，而且传播的范围也非常广，抖音短视频标题借助这些热点就可以让用户搜索到该短视频，从而吸引用户查看短视频的内容。

那么，在创作借势型标题时应该掌握哪些技巧呢？笔者认为，可以从3个方面来努力，如图5-29所示。

打造借势型标题的技巧
- 时刻保持对抖音和微博时事热点的关注
- 清楚标题借势，并能瞄准最佳时机发布短视频
- 将明星热门事件作为短视频标题或内容

图5-29　打造借势型标题的技巧

2020年年初，周杰伦歌曲《听妈妈的话》中"小朋友你是否有很多的问号"这句歌词在抖音大火。正是因为这一点，许多抖音运营者在标题制作时借助了"小朋友你是否有很多的问号"这个话题，如图5-30所示。

图5-30　借助"小朋友你是否有很多的问号"话题的标题

抖音企业号运营者在打造借势型标题时要注意两个问题：一是带有负面影响的热点不要蹭，视频内容要积极向上，充满正能量，带给受众正确的思想引导；二是最好在借势型标题中加入自己的想法和创意，然后将发布的短视频与之相结合，做到借势和创意的完美结合。

8. 警告型

警告型标题常常通过发人深省的内容和严肃深沉的语调给受众以强烈的心理暗示，从而给用户留下深刻印象。尤其是警告型的新闻标题，常常被很多抖音运营者所追捧和模仿。

警告型标题是一种有力量的标题，即通过标题让人警醒，从而引起抖音用户的高度注意。通常可以将以下3种内容移植到警告型标题中，如图5-31所示。

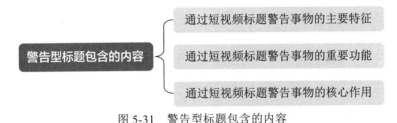

图 5-31　警告型标题包含的内容

那么，警告型标题应该如何构思打造呢？很多人只知道警告型标题能起到比较显著的影响，容易夺人目光，但具体如何撰写却是一头雾水。笔者在这里分享3点技巧，如图5-32所示。

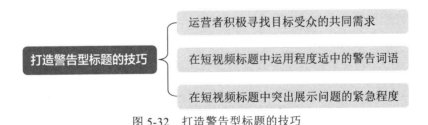

图 5-32　打造警告型标题的技巧

在运用警告型标题时，需要注意标题是否与内容相衬，因为并不是每一个抖音短视频都可以使用这种类型的标题。

如果警告型标题运用得恰当，则能加分，起到其他标题无法替代的作用；如果运用不当，则很容易让抖音用户产生反感情绪或引起一些不必要的麻烦。因此，短视频运营者在使用警告型标题时要谨慎小心，注意用词恰当与否，绝对不能草率行文，不顾内容胡乱取标题。

　　警告型标题可以应用的场景很多，无论是技巧类的短视频内容还是供大众娱乐消遣的娱乐八卦新闻，都可以用到这一类型的标题形式。图5-33所示为带有警告型标题的文章，让用户一眼就锁定，从而产生阅读兴趣。同时，标题中的"千万"和"切记"既起到了警告受众的作用，又吸引了受众阅读文章内容。

图 5-33　警告型标题

　　选用警告型标题这一标题形式，主要是为了提升抖音用户的关注度，大范围地传播短视频。因为警告的方式往往更加醒目，触及抖音用户的利益，如果这样做可能会让利益受损，那么可能本来不想看的抖音用户也会点击查看，因为涉及自身利益的事情是他们最关心的。

5.3 简单易懂：让用户对内容更加感兴趣

　　一个好的视频文案能够快速吸引抖音用户的注意力，让发布它的账号快速增加大量粉丝。那么，如何才能写好视频文案，做到吸睛、增粉两不误呢？本节即介绍文案内容的基本写作方法。

5.3.1　把握文案的文字表达

文案写手是专业的文字工作者，需要有一定的文字水平。而要想更高效率、更高质量地完成文案任务，除了掌握写作技巧之外，还需要学会玩转文字，让表达更符合用户的口味。

1. 文字通俗易懂

文字要通俗易懂，能做到雅俗共赏。这既是文案文字的基本要求，也是在文案创作的逻辑处理过程中写手必须了解的思维技巧之一。

从本质上而言，通俗易懂并不是要将文案中的内容省略，而是通过文字组合展示内容，让用户在看到文案之后便心领神会。

从通俗易懂的角度出发，抖音运营者追求的主要是文字带来的实际效果，而非文学上的知名度。那么，如何让文字起到更好的实际效果呢？抖音运营者可以从以下 3 个方面进行考虑。

（1）是否适合要用的媒体？

（2）是否适合产品的市场？

（3）是否适合产品的卖点？

2. 删除多余内容

成功的文案往往表现统一，失败的文案则是原因众多。在可避免的问题中，文字的多余累赘是失败的主因，其导致的结果主要包括内容毫无意义、文字说服力弱和问题模棱两可等。

解决多余文字最为直接的方法就是将其删除，这也是强调与突出关键字句最为直接的方法。图 5-34 所示为某 APP 的广告文案，可以看到它便是直接告诉抖音用户走路就能赚钱，而没有说其他多余的内容。

图 5-34　某 APP 的广告文案

删除多余的内容对于广告文案来说其实是一种非常聪明的做法：一方面，多余的内容删除之后，重点内容更加突出，抖音用户能够快速把握视频要传达的意图；另一方面，多余的内容删除之后，内容将变得更加简练，同样的内容能够用更短的时间进行传达，抖音用户不容易产生反感情绪。

3. 少用专业术语

专业术语是指特定领域和行业中对一些特定事物的统一称谓。在现实生活中，专业术语十分常见，如在家电维修业中将集成电路称为 IC、添加编辑文件称加编、大企业中称行政总裁为 CEO 等。

专业术语的实用性往往不一，但是从文案写作的技巧出发，往往需要将专业术语用更通俗易懂的语言替代。专业术语的通用性比较强，但是文案中往往不太需要。相关的数据研究也显示，专业术语并不适合给大众阅读，尤其是在快节奏化的生活中，节省阅读者的时间和精力，提供良好的阅读体验才是至关重要的。

笔者曾见到某计算机广告文案的部分内容，这则文案中有一些外行人看不太懂的词汇，如 "GTX 1050 TI" "GTX 1060 MAX"（二者皆为计算机显卡型号）等，这样就会让一些不太懂行的抖音用户看得一头雾水。

当然，减少术语的使用量并不是指不能使用专业术语，而是要控制使用量，并且适当对专业术语进行解读，让受众知道文案中专业术语表达的意思，把专业内容变得通俗化。

4. 内容重点突出

文案主题是整个文案的生命线，作为一名文案人员，其主要职责就是设计和突出主题。所以，文案人员应以内容为中心，要确保主题的绝妙性并有一定的真实价值。整个文案的成功主要取决于文案主题的效果。

在任何一个文案中，中心往往是最为醒目的，也是文字较为简洁的，在广告类文案中甚至只有一句话。图5-35所示的文案主要是向用户展示"世界八大禁地"和"中国八大菜系有哪些"，视频中直接用比较大的字号将内容展示出来，放在了视频画面中，让用户一看就能明白。

图 5-35　重点突出的文案

需要注意的是，写手要想突出文案的中心内容，还要提前对相关的受众群体有一个定位。例如，一款抗皱能力突出的衬衣，其相关的定位应该从3个方面入手，如图5-36所示。

图 5-36 衬衣文案的内容定位

除了醒目的中心内容之外，文案中的重点信息也必须在一开始就传递给受众，但是因为写手能力的不同，文案产生的效果也会有所差异。

5.3.2 立足定位进行精准营销

精准定位同样属于文案的基本要求之一，每一个成功的广告文案都具备这一特点。图 5-37 所示为两个女装的广告文案。

图 5-37 女装广告文案

这两个广告文案的成功之处就在于根据其自身定位，明确指出了目标消费者是小个子女生。对写手而言，要想做精准内容，可以从 4 个方面入手，如图 5-38 所示。

简单明了，以尽可能少的文字表达出产品精髓，保证广告信息传播的有效性

尽可能地打造精练的广告文案，用于吸引受众的注意力，也方便受众迅速记忆相关内容

精准内容定位的相关分析

在语句上使用简短文字的形式，更好地表达文字内容，也防止受众产生阅读上的反感

从受众出发，对消费者的需求进行换位思考，并将相关的有针对性的内容直接表现在文案中

图 5-38 精准内容定位的相关分析

5.3.3 个性表达留下深刻印象

形象生动的文案表达非常能营造画面感，从而加深受众的第一印象，让受众看一眼就能记住文案内容。图 5-39 所示为关于手机壁纸的文案，其便是通过壁纸中文字的个性表达来赢得用户关注的。

图 5-39 关于手机壁纸的文案

对文案写手而言，每一个优秀的文案在最初都只是一张白纸，需要创作者不断地添加内容，才能最终成型。要想更有效地完成任务，就需要对相关的工作内容有一个完整认识。

一则生动形象的文案则可以通过清晰的别样表达来吸引受众关注，快速让受众接收文案内容的同时，还可以激发受众对文案中产品的兴趣，从而促进产品信息的传播和销售。

5.3.4　文案打造的常见禁区

与硬广告相比，文案不仅可以提高品牌的知名度、美誉度，同时发在门户站点的文案更能增加网站外链，提升网站权重。然而，想要撰写出一个好的文案并非易事，它对写作者的专业知识和文笔功夫有着很高的要求。

很多运营人员和文案编辑人员在创作文案时往往因为没有把握住文案编写的重点事项而以失败告终。下面盘点文案编写过程中需要注意的四大禁忌事项。

1. 中心不明确

有的文案人员在创作文案时喜欢兜圈子，可以用一句话表达的意思非要反复强调，不但降低了文章的可读性，还可能会令读者嗤之以鼻。尽管文案是广告的一种，但是它追求的是"润物细无声"，在无形中将推广的信息传达给目标客户。

此外，文案的目的是推广，因而每篇文案都应当有明确的主题和内容焦点，并围绕该主题和焦点进行文字创作。然而，有的写手在创作文案时偏离主题和中心，导致受众一头雾水，其营销力也就会大打折扣。

图 5-40 所示为某运动品牌广告文案的部分内容，笔者只是在文案的基础上去掉了品牌 LOGO。从这个处理后的文案中，你能看出这是哪个品牌

图 5-40　某运动品牌广告文案的部分内容

的营销文案吗？相信绝大部分受众是看不出来的。

广告文案的主要目的是营销，而如果在一个文案中看不到品牌，也看不到任何营销推广的意图，那么这就是一则中心主题不明确的文案。

2. 有量没有质

文案相对其他营销方式成本较低，成功的文案也有一定的持久性，一般文案成功发布后就会始终存在。当然，文案并不是马上就见效，于是有的运营者一天会发几十个文案到门户网站。

事实上，文案营销并不是靠数量就能取胜的，更重要的还是质量，一个高质量的文案胜过十几个一般的文案。然而，事实却是许多运营者为了保证推送频率，宁可发一些质量相对较差的文案。

例如，有的抖音号几乎每天都会发布短视频，但是属于自己的原创内容却很少。这种不够用心的文案推送策略导致的后果往往就是内容发布之后并没有多少人看。

除此之外，还有部分抖音号运营者仅仅将内容的推送作为一个自己要完成的任务，只是想着要按时完成，而不注重内容是否可以吸引目标用户；甚至于有的运营者会将完全相同的文案内容进行多次发布。这种文案的质量往往没有保障，并且点击量等数据也会比较低，如图 5-41 所示。

图 5-41　点击量等数据偏低的文案

针对"求量不求质"的运营操作误区，运营者应该怎样避免呢？办法有两个，具体如下。

（1）加强学习，了解文案营销的流程，掌握文案撰写的基本技巧。

（2）聘请专业的文案营销团队，因为他们不像广告公司和公关公司那样业务范围比较广，他们专注于文案撰写，文案质量很高。

3. 出现各种错误

众所周知，报纸、杂志在出版之前都要经过严格审核，以保证文章的正确性和逻辑性。尤其是涉及重大事件或是国家领导人，一旦出错就需要追回重印，损失巨大。文案常见的书写错误包括文字、数字、标点符号以及逻辑错误等方面，文案撰写者必须严格校对，防止校对风险的出现。

1）文字错误

文案中常见的文字错误为错别字，如一些名称错误，包括企业名称、人名、商品名称、商标名称等。对于文案，尤其是营销文案来说，错别字可能会影响文案的质量，这对于报纸显得尤为重要。

例如报纸的定价，有些报纸错印成了"订价"，还错误地解释为"订阅价"而不是报纸完成征订后的实际定价，这必定是不符合实际的。

图 5-42 所示的短视频文案中，便是将"这样"写成了"酱"，"漂亮"误写成了"飘亮"，这很容易让抖音用户觉得抖音运营者在制作短视频文案时不够用心。

图 5-42　出现文字错误的文案

2）数字错误

参考国家《关于出版物上数字用法的试行规定》《出版物上数字用法》（GB/T 15835—2011）及国家汉语使用数字有关要求，数字使用有 3 种情况：一是必须使用汉字；二是必须使用阿拉伯数字；三是汉字和阿拉伯数字都可用，但要遵守"保持局部体例上的一致"这一原则，在报刊等文章校对检查中错得最多的就是第 3 种情况。

例如，"1 年半"应改为"一年半"，"半"也是数词，"一"不能改为"1"；再如，夏历月日误用阿拉伯数字，如"8 月 15 中秋节"应改为"八月十五中秋节""大年 30"应改为"大年三十""丁丑年 6 月 1 日"应改为"丁丑年六月一日"；还有世纪和年代误用汉字数字，如"十八世纪末""二十一世纪初"应分别改为"18 世纪末""21 世纪初"。

此外，较为常见的还有数字丢失，如"中国人民银行 2018 年第一季度社会融资规模增量累计为 5.58 亿元"。我们知道，一个大型企业每年的信贷量都在几十亿元以上，因此一个国家的货币供应量才"5.58 亿元"显然是不合理的。所以，根据推测应该是丢失了"万"字，应为"5.58 万亿元"。

3）标点符号错误

无论是哪种文章，标点符号错误都应该尽量避免。在文案创作中，常见的标点符号错误包括以下几种。

一是引号用法错误。这是标点符号使用中错得最多的。很多报刊对单位、机关、组织的名称、产品名称、牌号名称都用了引号，其实，只要不发生歧义，名称一般都不用引号。

二是书名号用法错误。证件名称、会议名称（包括展览会）不用书名号，但有的报刊把所有的证件名称，无论名称长短，都用了书名号，这是不合规范的。

三是分号和问号用法常见错误。这也是标点符号使用中错得比较多的，主要是简单句之间用了分号，即不是并列分句、不是"非并列关系的多重复句第一层的前后两部分"、不是分行列举的各项之间都使用了分号，这是错误的。

还有的两个半句合在一起构成一个完整的句子，但中间也用了分号。有的句子已很完整，与下面的句子并无并列关系，该用句号却用成了分号，这也是不对的。

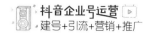

4）逻辑错误

逻辑错误是指文案的主题不明确，全文逻辑关系不清晰，存在语意与观点相互矛盾的情况。

4. 脱离市场情况

文案多是关于企业产品和品牌的内容，这些产品和品牌是处于具体市场环境中的产品，其针对的目标也是处于市场环境的具有个性特色的消费者。因此，不了解具体的产品、市场和消费者情况是行不通的，其结果必然会失败。

所以，在编写和发布文案时，必须进行市场调研，了解产品情况，如此才能写出切合实际、能获得消费者认可的文案。在文案编写过程中，应该充分了解产品，其相关分析如图 5-43 所示。

图 5-43　充分了解产品的相关分析

从消费者角度来说，应该迎合消费者的各种需求，关注消费者的感受。营销定位大师杰克·特劳特（Jack Trout）曾说过："消费者的心是营销的终极战场。"因此，文案也要研究消费者的心智需求，也要从这里出发，具体内容如下。

1）安全感

人是趋利避害的，内心的安全感是最基本的心理需求，因此把产品的功用和安全感结合起来是说服客户的有效方式。

例如，新型电饭煲的平台销售文案说，这种电饭煲在电压不正常的情况下能够自动断电，能有效防范用电安全问题。这一要点的提出，对于关心电器安全的家庭主妇一定是一个攻心点。

2）价值满足感

得到别人的认可，可以获得自我价值实现的满足感，因此将产品与实现个人的价值感结合起来可以打动客户。例如，脑白金打动消费者消费的恰恰是满足了他们孝敬父母的价值满足感。

例如，销售豆浆机的文案可以这样描述："当孩子们吃早餐的时候，他们多么渴望不再去街头买豆浆，而是喝上刚刚榨出来的纯正豆浆啊！当妈妈将热气腾腾的豆浆端上来的时候，看着手舞足蹈的孩子，哪个妈妈会不开心呢？"一种做妈妈的价值感油然而生，会激发为人父母的消费者的购买意念。

3）支配感

"我的地盘我做主"，每个人都希望表现出自己的支配权。支配感不仅是对自己生活的一种掌控，也是源于对生活的自信，更是文案要考虑的出发点。

4）归属感

归属感实际就是标签，你是哪类人，无论是成功人士、时尚青年还是小资派、非主流，每个标签下的人都会有一定特色的生活方式，他们使用的商品、他们的消费都表现出一定的亚文化特征。

例如，对追求时尚的青年，销售汽车的文案可以这样写："这款车时尚、动感，改装也方便，是玩车一族的首选。"对于成功人士或追求成功的人士可以这样写："这款车稳重大方，开出去见客户、谈事情比较得体，也有面子。"

/第/6/章/

内容制作：认证抖音企业号内容运营攻略

短视频的制作过程并不是一蹴而就的，要想打造出"史诗级"的作品，就必须经过千锤百炼。不仅需要将短视频拍好，还需要对短视频进行推广和宣传，只有经过漫长的后期制作和打磨，才能实现理想中的完美视频效果。本章将介绍短视频拍摄和后期制作，让短视频的魅力传播得更远。

6.1 分分钟制作出爆款视频

一般谈到视频的拍摄，大家想到的第一步大多是设计剧本。实际上，拍摄短视频首先需要的是"人"，即组建一个团结高效的团队。因为只有借助众人的智慧，才能将短视频打造得更加完美。

6.1.1 关于"人"的选择

招聘人员在任何行业和企业都是一大难题，但实际上，如果已经有了明确的目标和需求，选择就不会太难。

因此，对于短视频团队的人员招聘而言，招聘要遵循相应的流程，如此才能有条不紊，招到合适的员工。招聘短视频团队人员的流程如图 6-1 所示。

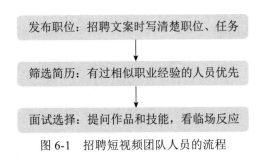

图 6-1 招聘短视频团队人员的流程

专家提醒

组建短视频团队的重点在于找到对的人，在招聘到需要的人员之后，一开始可能有的员工不会很快进入自己的岗位角色，但随着慢慢调整，每个人会逐渐找到自己的位置，从而为团队的发展做出贡献。

6.1.2 有关"内容"的打造

打造一个优质的短视频要做的就是策划内容、写剧本，这一步骤的重点在于"内容"。无论是短视频、文字还是图片，实质上都以内容为重，如此才能进行下一步的行动。

策划剧本，就好像写一篇作文，有主题思想、开头、中间以及结尾，情节的设计就是丰富剧本的组成部分，也可以看成小说中的情节设置。一篇成功的吸引人的小说必定少不了跌宕起伏的情节，剧本也一样，因此在策划时要注意 3 个事项，具体如图 6-2 所示。

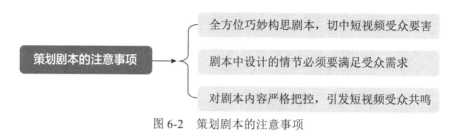

图 6-2　策划剧本的注意事项

除了情节内容上要多多思考之外，在台词、角色等方面也要下苦工夫，具体要求如图 6-3 所示。

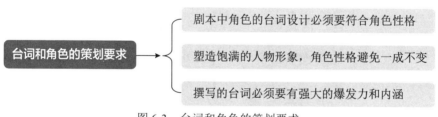

图 6-3　台词和角色的策划要求

6.1.3 正式"开拍"重实践

这一步骤其实是根据短视频内容的方向而设置的，重点就在于"拍"，拍摄视频是流程中的执行阶段，也是重中之重。当然，并不是拿着策划好的剧本就能马上拍，在开拍之前还要做好相关的准备工作。例如，如果是拍外景，就要提前对拍摄地点进行勘察，看看哪里更适合视频的拍摄。除此之外，还要注意以下 3 个事项，如图 6-4 所示。

图 6-4　拍摄短视频之前的注意事项

值得注意的是，在拍摄短视频时是需要完备的条件的，人员、设备、内容三者缺一不可。具体而言，这三者的具体内容如图 6-5 所示。

图 6-5　拍摄短视频需要的三大对象

▷ 专家提醒 ◁

"拍"的这一步骤至关重要，不仅需要策划、摄像、编辑、运营等岗位的共同参与，而且要注意很多细节，工作量比较大。即使是自导自演的低门槛短视频，也要耗费巨大的心血，因为它是将想法付诸实践的第一步。

6.1.4　后期制作显"光彩"

视频基本制作完成以后，即可进行后期制作。这一步骤的重点就在于"包装"。这里的"包装"只是一种形象的比喻方式，如果没有剪辑和包装，则不能快速地引起他人的注意。

在后期剪辑中，需要注意的是素材之间的关联性，如镜头运动的关联、场景之间的关联、逻辑性的关联以及时间的关联等。

当然，在对短视频进行剪辑包装时，不仅是保证素材之间有关联性就够了，其他方面的点缀也是不可缺少的，主要有图 6-6 所示的工作要完成。

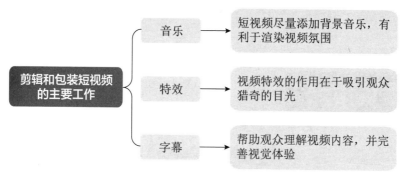

图 6-6　剪辑和包装短视频的主要工作

剪辑的重点在于"细""新""真",如图 6-7 所示。

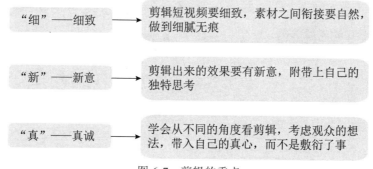

图 6-7　剪辑的重点

总的来说,后期包装并不是说要让视频拥有多么绚烂的特效,或者是多么动人的背景音乐,而是要看剪辑师有没有用心在做这件事。因此,如果要对视频进行包装,一定要牢记上面提到的 3 点,同时也应该多看看关于艺术剪辑类的书籍,如《看不见的剪辑》等。

6.1.5　短视频的拍摄器材

拍摄短视频之前,必须要用到的就是硬件设备,没有技术的支持是无法把富有创意的想法落实的,就好像想要过河却无舟楫一样,寸步难行。我们可以通过各种各样的设备来实现拍摄短视频的目标,但不同的设备拍摄出来的效果自然也不同,而且使用方法的难易程度也不同,大家只需找到最适合自己的拍摄设备即可。

1. 智能手机

智能手机可谓是集多种功能于一身，无论是上网冲浪、听音乐，还是拍照片、打电话，一部智能手机就能轻松完成。摄像是智能手机自带的基本功能，智能手机都具备基础的视频拍摄功能。

短视频团队之所以可以选择智能手机来拍摄视频，是因为用智能手机拍摄短视频具备很多其他设备无法具备的优点，具体如图6-8所示。

图6-8　智能手机拍摄视频的优点

这些优点是有目共睹的，而事实也证明，现在很多网络视频都是由智能手机拍摄出来的。例如社交平台上的短视频，由于智能手机自带拍摄视频功能，而且又可以直接分享到社交平台上，实时查看发布的动态，从而检验自己作品的效果，因此通过智能手机拍摄短视频成为大众的不二之选。

此外，随着移动互联网和智能手机的不断迅速发展，各种短视频平台的发展方向也受到了一定的影响，有的从计算机端转移到了移动端，有的则一开始就以移动端为主战场，准确把握了用户碎片化获取信息的这一要点。

▷ 专家提醒 ◁

手机设备型号不同，其对应的拍摄视频的功能也会有所区别，如分辨率、尺寸大小等，但总体出入不大，操作步骤也基本雷同。

2. 单反相机

随着单反相机的普及程度越来越高，其价格也在逐渐下降，几千元就可以购买一个入门级的单反相机，因此越来越多的摄影爱好者将相机升级为单反相机。随着新技术的不断应用，单反相机的功能也日益强大，同时摄像功能也成功地被单反相机收入囊中，因此越来越多的摄像爱好者把单反相机看作拍摄日常视频的得力助手。图 6-9 所示为常见的单反相机。

图 6-9　单反相机

采用单反相机是近年来比较流行的一种视频拍摄方式，主要原因是它的优势比较显著，主要有图 6-10 所示的几大优点。

图 6-10　单反相机拍摄视频的优点

对普通的摄像爱好者来说，单反相机是比较合适的选择，因为其性价比高，虽然价格可能比智能手机要贵，但画质相对而言还是要高。总而言之，它是比较折中的选择，如果没有能力购买专业的摄像机，那么单反相机也可以作为替代品。

3. 摄像机

摄像机属于专业水平的视频拍摄工具，一般大型的团队和电视节目都要用到摄像机。虽然它不像前面提到的设备那么轻便易携带，但在视频效果上却比其他设备好。图 6-11 所示为摄像机。

图 6-11　摄像机

在使用摄像机拍摄视频之前，运营者与其团队要做好相应的准备工作，因为是更加专业的视频拍摄，所以需要用到的辅助工具也很多，简单介绍如下。

（1）摄像机电源。如果是在室外拍摄，切记带好直流电池，把电池充满电备用；如果要去很远的地方拍摄，最好带上充电器。如果是在室内拍摄，可直接使用充电器供电，当电量不足时，设备上的"BATTERY"会闪烁以提醒。

（2）摄像机电缆。摄像机电缆用来连接摄像机和录像机，主要有14芯、26芯等规格。

（3）摄影灯。摄影灯主要有两种供电类型，即直流供电和交流供电。其中，直流供电方便，但时间短；交流供电持久，但需要借助电缆盘，不方便。

（4）彩色监视器。彩色监视器用来保证拍摄画面的颜色不出差错，可以提升视频效果。

（5）三脚架。三脚架是一个用途十分广泛的辅助工具，无论是使用智能手机、单反相机还是摄像机拍摄视频，都要用到它。总的来说，三脚架的优势很多，但它最大的特点就是"稳"。实际上，它的作用也就是为了稳定拍摄设备，以达到某种特定的效果。对于视频拍摄而言，有些特定的内容需要三脚架的配合，如此才能拍出更为平稳的画面效果。

4. 麦克风

在拍摄短视频的过程中，如果想要达到比较优质的效果，不仅要在画面效果上花心思，而且还要在音频质量上下工夫。

除了设备本身自带的音频功能外，还可以使用麦克风提升声音质量。

麦克风的选择关系到短视频的质量高低，因此在选择时要仔细考虑其优缺点，同时还要根据自己的具体需求进行筛选。图6-12所示为得胜PC-K810麦克风，它的外观比较"秀气"，而且附带金属制的防喷罩和制作精良的防震架。

图6-12　得胜PC-K810麦克风

6.1.6 "找达人拍视频"功能

如果短视频团队不想自己拍短视频，或者没有条件拍摄短视频，那么可以使用抖音官方推出的"找达人拍视频"功能，如图6-13所示。抖音运营者进入"达人广场"，搜寻符合自己要求的"抖音达人"下单即可，如图6-14所示。

图6-13 "找达人拍视频"功能

图6-14 "达人广场"

6.2 抖音短视频的 6 个拍摄技巧

抖音的很多功能与小咖秀类似，但与小咖秀不同的是，抖音运营者可以通过视频拍摄的快慢、视频编辑和特效等技术让作品更具创造性，而不是简单地对嘴型。本节介绍抖音短视频的 6 个拍摄技巧，帮助抖音运营者方便快捷地制作出更加优质的短视频内容。

6.2.1 调整合适的快慢速度

抖音运营者在使用抖音拍摄过程中，不仅可以选择滤镜和美颜等，还可以自主调节拍摄速度。其中，快慢速度调整和分段拍摄是抖音最大的特点，利用好这两个功能就能拍出很多酷炫的短视频效果。

快慢速度调整就是调整音乐和视频的匹配度。如果选择"快"或者"极快"，拍摄时音乐就会放慢，相应的视频成品中的画面就会加快；反之，如果选择"慢"或者"极慢"，拍摄时音乐就会加快，成品中的画面就会放慢。快慢速度调整功能有助于创作者找准节奏：一方面，可以根据自己的节奏做对应的舞蹈动作和进行剪辑创作，会使拍摄过程更舒服；另一方面，不同的拍摄节奏也会大大降低内容的同质化，即使是相似的内容，不同的节奏展现出的效果也是截然不同的。

运营者放慢音乐能更清楚地听出音乐的重音，也就更容易卡到节拍。这就降低了抖音运营者使用的门槛，让一些没有经过专业训练的人也能轻松卡住节拍。如果运营者加快了音乐，相应地放慢了动作，最后的成品也会有不一样的效果。配合后面要说的分段拍摄，控制好快慢节奏，也会呈现较好的效果。

6.2.2　远程控制暂停更方便

在拍摄时，如果手机摆放位置比较远，此时抖音运营者可以利用"倒计时"功能来远程控制暂停录制。在拍摄界面点击"倒计时"按钮，如只要拍摄 10s 就暂停，那么将暂停拉杆拖到 12.7s 的位置处即可，如图 6-15 所示。点击"开始拍摄"按钮拍摄，当拍摄到第 12.7s 时就会自动暂停，如图 6-16 所示。

图 6-15　设置暂停时间　　　　　图 6-16　到时间后会自动暂停录制

6.2.3 分段拍摄更富有创意

抖音可以分段拍摄短视频，即可以拍一段视频暂停之后再拍下一段，最后拼在一起形成一个完整的视频。只要两个场景的过渡转场做得足够好，最后视频的效果就会很酷炫。例如，在拍摄热门的"一秒换装"视频时，就可以借助"长按拍摄"来方便地进行分段拍摄，如图6-17所示。

（a）拍摄第一段　　　　　　（b）暂停换装　　　　　　（c）拍摄第二段

图6-17　借助"长按拍摄"功能拍摄分段视频

演员穿好一套衣服后，可以按住"按住拍"按钮拍摄几秒，然后松开手，即可暂停拍摄。此时，用户可以再换另一套衣服，摆出和刚才拍摄时一样的姿势，重复前面的"拍摄→暂停"步骤，直到换装完成即可。

6.2.4 防止抖动保证对焦清晰

手抖是很多视频拍摄者的致命伤，在拍摄视频时，千万注意手不能抖，要时刻保持正确的对焦，这样才能拍摄出清晰的视频效果。为了防止抖动，抖音运营者可以将手机放在支架上，必要时可以使用自拍杆，如图6-18所示。

图 6-18 使用自拍杆稳定手机

如果运营者资金预算比较充足，那么可以选择专业级的手持稳定器。手持稳定器分为两种：手机手持稳定器和单反手持稳定器。这里重点介绍手机手持稳定器，如图 6-19 所示。手机手持稳定器已可以实现人脸识别、目标跟随自动转向、自动对焦、自动拍摄、360°旋转拍摄和拍摄360°全景影像等功能，加上手机的强大相机功能，将可以实现诸如延时拍摄、慢门拍摄、大光圈背景虚化拍摄、人脸识别自动补光、拍摄即完成美颜等功能，超前的技术让每个人都能成为自己心中的"明星"。

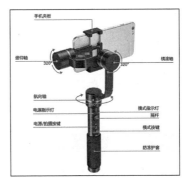

图 6-19 手机手持稳定器

另一种就是单反相机手持稳定器，也称单反三轴稳定器，其专业性极高，有单反相机的抖音运营者可以考虑购买。

对于资金预算不足的抖音运营者来说，则可以选择极其简单且实用的支架来帮助完成拍摄。这里主要推荐桌面支架、可夹式桌面支架、八爪鱼三脚架和手机三脚架等几款简单实用的支架，只要放在桌面就可实现拍摄，放在地上还可实现超低角度拍摄，如图 6-20 所示。

图 6-20　手机支架

6.2.5　注意光线增强画面美感

拍摄短视频时光线十分重要，好的光线布局可以有效提高画面质量。尤其是在拍摄人像时要多用柔光，会增强画面美感。拍摄短视频时要避免明显的暗影和曝光。

在光线不好的地方，尤其是环境昏暗时，可以开启闪光灯功能拍摄。

除了手机自带的闪光灯外，用户还可以购买一个专业的外置闪光灯。这种闪光灯一般都采用 LED 光源，光线比较柔和，可以让画面更加清晰柔美，人物的皮肤也会更加白皙，如图 6-21 所示。抖音上有很多带光圈效果的视频，其拍摄其实并不需要补光灯这种大型设备，使用手机摄像头小型补光设备即可，如图 6-22 所示。

图 6-21　手机外置闪光灯　　　　图 6-22　手机摄像头多功能打光灯

另外，在天气好时可以尝试逆光拍摄，在拍摄界面可以对准高光区域进行测光，即可拍出艺术感十足的剪影大片，如图 6-23 所示。

图 6-23 拍出建筑的剪影效果

▷专家提醒

如果光线不清晰，则可以手动打光，将灯光打在人物的脸上或用反光板调节。同时，抖音运营者还可以用光线进行艺术创作，如用逆光营造出飘渺、神秘的艺术氛围。

6.2.6 手动配置曝光和聚焦

注意，并不是所有的智能手机都具备曝光和聚焦功能，但如果运营者的手机有该功能，就一定要学会设置，如图 6-24 所示（注：小米手机自带的相机应用）。尤其是对智能手机来说，AE（Automatic Exposure，自动曝光控制装置）锁定很重要，这会减少曝光，尤其是在进行围绕拍摄时，更要注意锁定 AE。

至于手动控制对焦，在从远及近地靠近人物拍摄时，这个功能非常实用。不同的手机设置焦距的方法也不同，具体设置可以根据机型上网搜索。图 6-25 所示为小米手机自带相机应用的对焦调整功能。

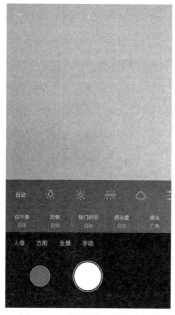

图 6-24　设置白平衡曝光值

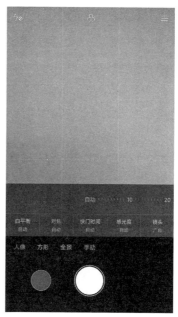

图 6-25　对焦调整功能

6.3 拍出好视频效果的 3 个原则

　　抖音 APP 已经在不知不觉中影响了很多年轻人的生活，越来越多的用户开始离不开抖音，也有越来越多的人喜欢上了拍抖音。本节将介绍抖音短视频的 3 个拍摄原则，以帮助抖音运营者拍出好效果，为抖音企业号吸引更多的粉丝。

6.3.1　确定好短视频内容风格

　　一般来说，在短视频拍摄之前需要做好整体构思，确定好抖音短视频的主体内容风格。

　　例如，如果短视频团队招聘的是颜值高的演员，可以选择"刷脸""卖萌"或者"扮酷"来展现其优势；如果短视频团队招聘的是有一技之长的演员，则可以充分利用抖音 15 秒短视频来展示其才华；如果短视频团队招聘的是擅长幽默搞笑的演员，则可以创作一些"戏精类"的内容，展示他的搞怪表演天赋。总之，不管是哪种风格，找到最适合的风格即可。

6.3.2 用动作卡好短视频节奏

抖音中的配乐以电音、舞曲为主，视频分为两派，即舞蹈派和创意派，其共同特点是都很有节奏感。

在早期抖音刚刚进入人们视野时，抖音的常见玩法有两种：一是录制唱歌视频；二是随着节奏感极强的音乐表演舞蹈，如各种街舞和手指舞等，还有各种萌宠随着音乐摆出有节奏、有趣的、搞笑的动作。

如果是提前拍摄的视频，后期再配音，把握不好节点怎么办？很多抖音运营者有这样的烦恼，因为有一些背景音乐是存在转折点的，自己的动作或场景切换等很容易就会和这些音乐的节点合不上。其解决办法是拍摄时间长一点的视频，尽量使节点位置在中间，这样视频前面和后面的内容可以剪掉一些，保证节点不消失。

抖音主打的是让用户伴着选好的音乐录制视频，因此音乐中的节奏在视频中也占有一定的地位。可以用动作卡节拍，也可以用转场卡节拍，只要节拍卡得好，视频也能获得很好的效果。因此，节奏的把握非常重要，抖音运营者可以多观察抖音的热门视频，借鉴它们的经验来提高自己作品的质量。下面介绍两个卡视频节奏的技巧。

（1）尽量把动作放在音乐节奏的重音上面。

（2）要挑选和视频内容相符的音乐。

例如，如果音乐中有开枪的声音，短视频演员也需要做出打枪的动作；如果有翻书的声音，短视频演员也跟着做翻书的动作。当然，声音和动作不一定要配合一致，即有翻书的声音不一定非要做翻书的动作，也可以是和翻书同频率地抖肩。这一部分的关键还是配合着音乐卡好动作。

另外，还有一种爆款玩法，即镜头随着动感音乐进行切换，比较有代表性的是《离人愁》或者节奏版苹果手机铃声。这一类的玩法，每一个节奏点都会有视频拍摄者的变装或者炫酷的运镜。值得一提的是，这类视频放在现在的抖音环境中依然十分出挑。例如，当时有一版模仿最早的《离人愁》录制的视频，收获了 170 多万个点赞，评论纷纷表示"回到最初的抖音""十分怀念这种抖音"。

此外，这一类视频也衍生出了如何进行酷炫运镜和转场技巧等教程，并且都可以收获不少的点赞与播放量，依然为众多的视频拍摄者所需要。由此可见，随音乐进行表演的玩法从来不会过时。

6.3.3 转场时参照物保持不变

不管用什么作为转场中介，有几个关键点都是非常重要的，只要把握好了这几点，你就能玩转视频转场。其关键在于抓住视频内参照物的不变性以及动作的连贯性。

在视频转场时，除了要变换的东西以外，其他参照物尽量保持不变。如果参照物是人，那么这个人的表情、动作和拍摄角度在画面中占的比例都要尽量不变。

视频转场可以分为静态转场和动态转场两种，下面分别进行介绍。

1. 静态转场（参照物不变）

如果抖音运营者想做出"秒换服装"的效果，就必须做到除了服装款式以外，屏幕内的其他元素都不变，包括短视频演员的动作、表情等元素。

同样地，如果抖音运营者想换一个背景，就以上一个场景的最后一个动作作为下一个场景的开始动作来继续拍摄。例如，用户在上一个场景结束时，伸出右手手掌，从右往左平移到中间挡住摄像头，然后视频暂停；那么，用户在拍摄下一个场景时，就要从右手手掌在中间挡住摄像头的这个画面开始继续拍摄。

2. 动态转场（动作的连贯性）

连贯的含义就是上一个场景中的动作要无缝衔接到下一个场景。例如，这个场景用户正在做向下蹲的动作，蹲到一半时视频暂停，则下一个场景中用户也要从刚刚蹲到一半的地方继续向下蹲。

动态转场主要有以下 3 种方式。

（1）摄像机不动，保持主体对象动作的连贯。例如，上一个场景中伸出拳头盖住摄像头，下一个场景也要以同样的姿势收回拳头，中间可以换衣服、换背景甚至换另外一个人。

还可以手伸向摄像头，暂停后切换成后置摄像头，开拍时手继续向前伸出，最后看起来就像是手穿过了手机屏幕一样。当然，要想最后成品效果好，除了要改变的东西变化以外，其他元素都要尽量保持不变。

（2）主体对象不动，保持摄像机拍摄方向的连贯。这里用一个案例解释拍摄镜头的连贯性。例如，上一个场景用左手把手机从中间水平移动到人的左边，下一个场景就要用右手把手机从右边移回中间，这样最终的效果看起来就像是镜头绕了人一圈。

（3）主体对象和摄像机都动，且前后连贯。如果有其他人帮忙拍摄，则可以尝试这种方式。例如，头向右看，摄像机跟着向右拍；此时暂停，换另一个人和另一个场景，同样让摄像机从左向右拍。最后的成果看起来就像是PPT中比较常见的"后一帧推走前一帧"的转场效果。

上面这几种方法都是比较基础和简单的，抖音运营者可以结合抖音里的运镜达人的视频多模仿和练习。同时，抖音运营者还可以更换案例中的元素，利用好分段拍摄功能，发散思维，做出更多酷炫的效果。

（6.4）剪出100万＋播放量的视频

随着这些年短视频的发展，后期APP数量上也有所增加，各种短视频后期制作应用层出不穷，争相斗艳，各具特色。那么，这些短视频后期APP究竟有哪些独特之处呢？本节将向大家介绍几款人气爆棚、实际好用的后期APP，让加工短视频变得轻而易举。

6.4.1　小影：强大的剪辑和特效

小影APP是由杭州趣维科技有限公司研制开发的一款集手机视频拍摄与视频编辑于一身的软件。小影APP的用户以"90后""00后"居多，因该软件的视频拍摄风格多样，特效众多，而且视频拍摄没有时间限制而受到众多人的追捧。图 6-26 所示为小影 APP 登录界面。

图 6-26　小影 APP 登录界面

　　小影 APP 最大的特色就是即拍即停。此外，小影 APP 还主要用于短视频的拍摄与后期调整。

　　抖音运营者打开小影 APP，点击 ◎ 按钮，进入"剪辑"界面，就可以看到小影 APP 的主要功能，如图 6-27 所示。

图 6-27　小影 APP 的主要功能

❶视频编辑。小影 APP 具有电影级的后期配置，如视频剪辑、视频配音、视频音乐等，简单易懂上手快，可以实现超快的视频后期打造。

❷视频特效。视频特效主要是对图像进行特殊处理，包括相册 MV、美颜趣拍、素材中心、一键大片、使用教程、画中画编辑、画中画拍摄以及音乐视频等，可以使图像呈现出特效效果。

❸保存草稿。已经完成编辑但还没有上传的视频以及尚未完成编辑的视频将在"草稿"模块保存，以便后期提取运用。

❹视频拍摄。点击"拍摄"按钮，即可进行手机短视频的拍摄。

此外，小影 APP 还有以下具体功能：一是实时特效拍摄镜头；二是非常棒的 FX 特效以及大量精美滤镜可供用户选择与使用；三是利用小影 APP 拍摄手机视频，除了可以在拍摄时就使用大量精美滤镜之外，还可以使用"自拍美颜"拍摄模式、"高清相机"拍摄模式以及"音乐视频"拍摄模式，更有九宫格辅助线帮助用户完成电影级的手机视频拍摄。

6.4.2 乐秀：表情自拍，百变精灵

乐秀 APP 是由上海影卓信息科技有限公司开发出来的一款视频编辑器，它界面干净简洁，操作简单。图 6-28 所示为乐秀 APP 进入界面展示。

海量贴图
无限创意

图 6-28 乐秀 APP 进入界面展示

乐秀 APP 不仅可以将图片制作成视频，对视频进行编辑，还能将图片和视频合成视频，几乎包含了所有视频编辑应该有的功能。乐秀 APP 主要功能展示界面如图 6-29 所示，比较详细。

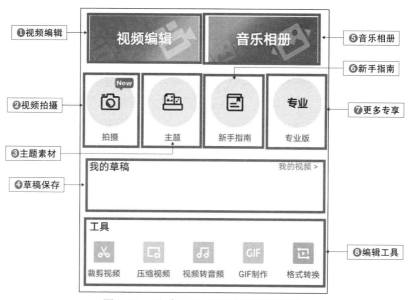

图 6-29　乐秀 APP 主要功能展示界面

❶视频编辑。对手机中已经有的手机短视频进行后期处理。其精美滤镜功能可以对视频进行滤镜切换，风格随意挑选；视频涂鸦功能可以直接对视频进行涂鸦，增加视频的创造性；动态贴纸功能可以将好看的贴纸粘贴在视频之中，让视频更富有趣味性。

除此之外，乐秀 APP 还能给视频添加音乐、为视频配音、让手机视频拍摄后期更有乐趣，更具吸引力。

❷视频拍摄。乐秀 APP 可以进行表情贴纸拍摄，大大增加了视频的拍摄乐趣。

❸主题素材。"主题"模块可查看视频主题，并将主题运用到视频后期处理当中。

❹草稿保存。对于没有编辑完的视频在"我的草稿"模块保存，以便后期使用。

❺音乐相册。音乐相册主要针对的是图片，将图片制作成为动态音乐相册。

❻新手指南。如果是第一次接触小影 APP，可以从"新手指南"中了解

一些基本的剪辑操作。

❼更多专享。"专业"模块主要用于软件 VIP 用户，具有更多个性化的操作设置。

❽编辑工具。"工具"模块提供更系统、更专业的单项视频编辑操作工具。

除此之外，乐秀 APP 在编辑视频之后，还可以将视频发布到美拍、优酷、朋友圈等平台上。

6.4.3　巧影：擅长制作特效效果

巧影 APP 是由北京奈斯瑞明科技有限公司研制发布的一款手机视频后期处理软件，它的主要功能有视频剪辑、视频图像处理和视频文本处理等。图 6-30 所示为巧影 APP 的进入界面展示。

图 6-30　巧影 APP 的进入界面展示

除了对手机视频的常规编辑之外，巧影 APP 还有视频动画贴纸、各色视频主题以及多样的过渡效果等，能帮助手机视频的后期处理更上一层楼。图 6-31 所示为巧影 APP 主要功能界面。

图 6-31　巧影 APP 主要功能界面

❶视频编辑。点击该按钮即可进行视频的后期编辑。巧影 APP 中的后期编辑主要有手机短视频剪辑、字幕添加、特效添加、图层覆盖、为视频配音以及为视频添加背景音乐等。

❷软件设置。其硬件参数包括视频默认时间调整、排序方式、浏览模式、已录制视频的位置以及输出帧率等。

❸素材商店。用户可以在素材商店中下载相应的特效、滤镜、字体、背景音乐、贴纸等，能够让视频的后期编辑种类更加丰富。

此外，巧影还有一个比较贴心的设计，对于新手而言是相当实用的：点击"入门教程"按钮，即可学习巧影 APP 剪辑操作，如图 6-32 所示。

图 6-32　巧影 APP 的"入门教程"

/ 第 / 7 / 章 /

吸粉引流：让陌生人成为企业的客户

对抖音企业号运营者来说，一般情况下账号的粉丝量越多，其带货变现的能力也就越强。所以，很多运营者都想打造百万级，甚至是千万级的带货大号。

那么，怎样快速实现引流增粉呢？本章即介绍多种引流手段。

7.1 抖音吸粉：将粉丝聚集到抖音企业号

互联网变现的公式是流量＝金钱。因此，只要有了流量，变现就不再是难题。而如今的抖音就是一个坐拥庞大流量的平台，抖音运营者只要运用一些小技巧，就能在抖音平台拥有自己的流量池。

7.1.1 评论话术吸粉

说到文案，大多数运营者可能更多的是想到短视频的内容文案。其实，除此之外，在短视频的运营过程中还有一个必须重点把握的文案部分，即评论区文案。抖音运营者可以巧妙地利用评论区来吸粉。

1. 根据视频内容自我评论

短视频文案中能够呈现的内容相对有限，这就有可能出现一种情况，即有的内容需要进行一些补充。此时，运营者便可以通过评论区的自我评论来进一步进行表达。另外，在短视频刚发布时，可能看到的用户不是很多，也不会有太多用户评论，此时如果进行自我评论，也能从一定程度上起到提高用户评论短视频的积极性。

抖音运营者在发布短视频之后，应主动根据视频内容进行自我评价，并且在评价中插入产品的详情链接。抖音用户只需点击该链接，便可进一步了解视频中产品的相关信息，如图 7-1 所示。

2. 通过回复评论引导用户

除了自我评价补充信息之外，抖音运营者在创作评论文案时还需要做好一件事，即通过回复评论解决抖音用户的疑问，引导他们的情绪，从而提高产品的销量。

图 7-1　根据视频内容自我评价并插入产品信息

抖音运营者在发布短视频之后，可以对评论中抖音用户的一些疑问进行回复，消除用户的后顾之忧。疑问得到解答之后，抖音用户的购买需求自然会得到一定的增加，如图 7-2 所示。

图 7-2　通过回复评论引导用户

3. 抖音评论的注意事项

回复视频评论看似是一件非常简单的事，实则不然。这主要是因为在进行评论时还有一些需要注意的事项，具体如下。

1）第一时间回复评论

抖音运营者应该尽可能在第一时间回复抖音用户的评论，这主要有两个好处：一是快速回复用户能让用户感觉到抖音运营者对他（她）的重视，这样自然能增加用户对抖音号的好感；二是回复评论能从一定程度上增加短视频的热度，让更多用户看到短视频。

那么，如何做到第一时间回复评论呢？其中一种比较有效的方法就是在短视频发布后的一段时间内及时查看用户的评论，一旦发现有新的评论，便在第一时间做出回复。

2）不要重复回复评论

对于相似的问题或者同一个问题，抖音运营者最好不要重复进行回复，这主要有两个原因：一是很多用户的评论中或多或少会有一些营销的痕迹，如果重复回复，那么整个评论界面便会出现许多令用户反感的广告营销内容；二是相似的问题、点赞数相对较多的问题会排到评论的靠前位置，抖音运营者只需对点赞数较多的问题进行回复，其他有相似问题的用户自然就能看到，而且这样能减少运营者回复评论的工作量，节省大量的时间。

3）注意规避敏感词汇

对于一些敏感的问题和词汇，抖音运营者在回复评论时一定要尽可能地进行规避。当然，如果无法避免，也可以采取迂回战术，如不对敏感问题做出正面回答，用同音或谐音代替敏感词汇等。

7.1.2 蹭热点涨粉

相比于一般内容，热点内容因为拥有一定的受众基础，所以通常更容易获得大量抖音用户的关注。抖音运营者可以根据这一点，巧妙借势热点，打造与热点相关的短视频，从而实现快速涨粉。

例如，随着电视剧《清平乐》的热播，许多人开始了关于它的讨论。此时，抖音运营者就可以根据该电视剧的内容或者剧中的人物表达自己的观点，从而通过引起抖音用户的共鸣实现快速增粉，如图 7-3 所示。

图 7-3　巧妙借势热点快速增粉

7.1.3　原创视频引流

对于有短视频制作能力的抖音运营者，原创引流是其最好的选择。抖音运营者可以把制作好的原创短视频发布到抖音平台，同时在账号资料部分吸引免费流量，如昵称、个人简介等地方都可以留下联系方式，如图 7-4 所示。

图 7-4　在账号资料部分进行引流

抖音上的年轻用户偏爱热门和创意有趣的内容，同时在抖音官方介绍中，抖音对视频的制作原则是场景、画面清晰；记录自己的日常生活，内容健康向上，多人类、剧情类、才艺类、心得分享类、搞笑类等多样化内容，不拘于一种风格。抖音运营者在制作原创短视频内容时，可以记住这些原则，让作品获得更多推荐。

7.1.4 硬广告引流

硬广告引流是指在短视频中直接进行产品或品牌展示。建议用户购买一个摄像棚，将平时朋友圈发的反馈图全部整理出来，然后制作成照片电影来发布视频，如减肥的前后效果对比图、美白的前后效果对比图等。

例如，华为荣耀手机的抖音官方账号就联合众多明星达人，如欣小萌、朱正廷和贾玲等打造各种原创类高清短视频，同时结合手机产品自身的优势功能特点来推广产品，吸引粉丝关注，如图 7-5 所示。

图 7-5　华为荣耀手机的短视频广告引流

7.1.5 利用抖音直播涨粉

抖音短视频平台的首要目的是获取用户，如果没有用户，就谈不上运营。

抖音短视频平台开通直播功能可以为产品注入自发传播的基因，从而促进应用的引流、分享、拉新。

1. 根据视频内容自我评论

在运营抖音直播过程中，运营者一定要注意视频直播的内容规范要求，切不可逾越雷池，以免辛苦经营的账号被封。另外，在打造直播内容、产品或相关服务时，用户首先要切记遵守相关法律法规，只有合法的内容才能得到承认，才可以在互联网上快速传播。

1）建立更专业的直播室

首先要建立一个专业的直播空间，主要包括以下几个方面。

（1）直播室要有良好稳定的网络环境，保证直播时不会掉线和卡顿，影响用户的观看体验。如果是在室外直播，建议选择无限流量的网络套餐。

（2）购买一套好的电容麦克风设备，给用户带来更好的音质效果，同时也将自己的真实声音展现给他们。

（3）购买一个好的手机外置摄像头，让直播效果更加高清，给用户留下更好的外在形象。当然，也可以通过美颜等效果来给自己的颜值加分。

其他设备还包括桌面支架、三脚架、补光灯、手机直播声卡以及高保真耳机等。例如，直播补光灯可以根据不同的场景调整画面亮度，具有美颜、亮肤等作用，如图7-6所示。手机直播声卡可以高保真收音，无论是高音还是低音都可以还原得更真实，让声音更加出众，如图7-7所示。

图7-6　LED环形直播补光灯

图7-7　手机直播声卡

2）设置一个吸睛的封面

抖音直播的封面图片设置得好，就能为各位主播吸引更多的粉丝观看。

目前，抖音直播平台上的封面以主播的个人形象照片为主，背景以场景图居多。抖音直播封面没有固定的尺寸，不宜过大也不宜太小，只要是正方形等比都可以，但画面要做到清晰美观。

3）选择合适的直播内容

抖音直播内容目前逐渐多样化，如美妆、美食、"卖萌"以及一些生活场景直播等深受用户欢迎。从抖音的直播内容来看，其都是根据抖音社区文化衍生出来的，而且也比较符合抖音的产品气质。

在直播内容创业中，以音乐为切入点可以更快地吸引粉丝关注，在更好地传播好音乐内容的同时，也可以让主播与粉丝同时享受到近距离接触的快感。

2. 直播吸粉引流，技巧最为重要

直播借着短视频平台又再次回到了人们的视野，用户只需要一台手机即可直播，但直播的竞争非常残酷，因此主播需要掌握吸粉引流的技巧，让自己"火"起来。

1）内容垂直

根据自己的定位来策划垂直领域的内容，在直播前可以先策划一个大纲，然后围绕该大纲来细化具体的直播过程，并准备好相关的道具、歌曲和剧本等。在直播过程中，还需要关注粉丝的动态，有人进来时，记得打招呼；有人提问时，记得回复。

2）特色名字

需要根据不同的平台受众来设置不同的名称。

● 电竞类主播起名字就需要大气、霸气一些。

● 二次元类主播起名字需要符合"宅"文化一些，尽可能年轻、潮流。

● 电商类主播名字则要与品牌或产品等定位相符合，可以让人信赖。

3）专业布景

直播环境不仅要干净整洁，而且也需要符合自己的内容定位，给观众带来好的直观印象。例如，以卖货为主的直播环境中，可以在背景里挂一些商品样品，商品的摆设要整齐，房间的灯光要明亮，从而突出产品的品质，如图7-8所示。

图 7-8　直播布景示例

4）聊天话题

主播可以制造热议话题来为自己的直播间快速积攒人气，但话题内容一定要健康、积极、向上，要符合法律法规和平台规则。当然，主播在与粉丝聊天互动时，还需要掌握一些聊天技巧，如图 7-9 所示。

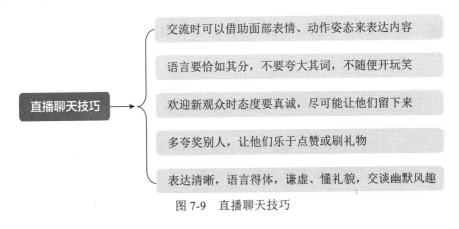

图 7-9　直播聊天技巧

在直播过程中，不仅要用高质量的内容吸引观众，而且要随时引导这些进来的观众关注账号，成为粉丝。

5）定位清晰

精准的定位可以形成个性化的人设，有利于打造一个细分领域的专业形象。下面介绍一些热门的直播定位类型供读者参考，如图 7-10 所示。

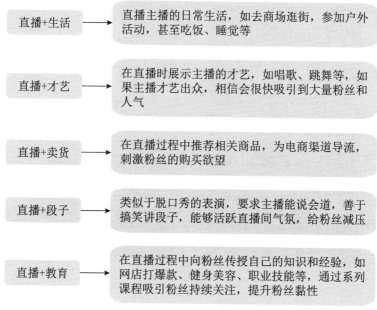

图 7-10　热门直播定位的参考方向

6）准时开播

直播的时间最好能够固定，因为很多粉丝都是利用闲暇时间来看直播的，因此直播时间一定要和粉丝的空闲时间对上，这样他们才有时间看直播。因此，主播最好要找到粉丝活跃度最大的时间段，然后每天定时定点直播。

7）抱团吸粉

可以多和一些内容定位相近的主播搞好关系，成为朋友，这样可以相互推广，互相照顾。当大家都有一定的粉丝基础后，主播还可以带领自己的粉丝去朋友的直播间相互"查房"，不仅可以活跃直播间氛围，而且能够很好地留住粉丝，进行互动。"查房"是直播平台中的一种常用引流手段，主要是依靠大主播的人气流量来带动不知名的小主播，形成一个良好的循环，促使粉丝消费。

8）互动活动

如果在直播时观众都比较冷淡，此时可以另外找一个人来与主播互动，两个人一起来提升直播间的热闹氛围，不至于没有话题时会面临尴尬。另外，主播也可以选择一些老观众与他们互动，主动跟他们聊天，最大限度地提高粉丝黏性。

除了聊天外，主播还可以做一些互动活动，如带粉丝唱歌、教粉丝一些生活技巧、带粉丝一起打游戏、在户外做一些有益的活动、举行一些抽奖活动等，如图7-11所示。这些小的互动活动都可以提升粉丝的活跃度，同时还能吸引更多"路人"的关注。

图 7-11 游戏互动和户外互动活动

9）营销自己

抖音通常会给中小主播分配一些地域流量，如首页推荐或者其他分页的顶部推荐，可以让中小主播处于一个较好的引流位置，此时主播一定要抓住一切机会来推广自己、营销自己。

10）维护粉丝

当通过直播积累一定的粉丝量后，一定要做好粉丝的沉淀，可以将他们导流到微信群、公众号等平台，更好地与粉丝进行交流沟通，表现出对他们的重视。平时不直播时，也可以多给粉丝送福利、发红包或者优惠券等，最大化用户存留，挖掘粉丝经济，实现多次营销。

直播引流的技巧可以总结为3点，即"内容＋互动＋福利"，内容展现价值，互动增进感情，福利触发交易。

3. 直播互动玩法，吸引潜在粉丝

抖音没有采用秀场直播平台常用的"榜单 PK"等方式，而是以粉丝点赞作为排行依据，这样可以让普通用户的存在感更强。下面介绍抖音直播的几种互动方式。

（1）评论互动。用户可以点击"说点什么"来发布评论，此时主播要多关注这些评论内容，选择一些有趣的和实用的评论进行互动。

（2）点赞互动。用户可以点击右下角的抖音图标，给喜欢的主播点赞，增加主播人气，如图 7-12 所示。主播的总计收入是以"音浪"的方式呈现的，粉丝给主播的打赏越多，获得的人气越高，主播的收入自然也越高。

（3）建立粉丝团管理粉丝。主播一般都会有不同数量的粉丝团，这些粉丝可以在主播直播间享有一定特权，主播可以通过"粉丝团"与粉丝建立更强的黏性。点击直播页面左上角的主播昵称下方的粉丝团，然后点击"加入Ta 的粉丝团（60 抖币）"按钮，支付 60 抖币；即可加入该主播的粉丝团，同时获得"免费礼物""粉丝铭牌""抖音周边"等特权，如图 7-13 所示。

图 7-12　点赞互动

图 7-13　加入主播粉丝团

（4）礼物互动。礼物是直播平台最常用的互动形式，抖音的主播礼物名字都比较特别，不仅体现出浓浓的抖音文化，同时也非常符合当下年轻人的使用习惯以及网络流行文化，如"小心心""热气球""为你打 call"等。

7.1.6 巧用抖音官方小工具，快速涨粉

抖音官方会不定期地推出一些小工具，特别是一些别具匠心的特效。每当一种趣味特效推出时，许多人就会使用该工具拍摄短视频。如果抖音运营者用好了这些特效，就能和抖音用户"打成一片"，实现快速涨粉。

例如，2020年年初，抖音官方推出了独角兽特效。使用该特效之后，视频中人物的脸会变成独角兽模样，让人觉得非常有趣。所以，就连于震等影视明星也开始使用该特效拍摄短视频，如图7-14所示。对此，抖音运营者也可以使用该特效，让自己以独角兽的搞怪形象出现在抖音用户面前。

图7-14 "独角兽"特效

7.1.7 用抖音话题/挑战赛帮助快速涨粉

话题和挑战赛相当于视频的一个标签。部分抖音用户在查看一个视频时，会将关注的重点放在所查看视频添加的话题上，还有部分抖音用户在查看视频时会直接搜索关键词或话题。通常来说，抖音话题和挑战赛的使用通常有两种方法：一种是在短视频中添加话题，另一种是主动开展和组织话题。下面分别进行说明。

1. 在短视频中添加话题

每一个话题都相当于短视频的一个标签，如果抖音运营者能够在视频的文字内容中添加一些话题，便能吸引部分对该话题和标签感兴趣的抖音用户，从而在此基础上起到一定的引流作用。在笔者看来，抖音运营者在视频中添加话题时可以重点把握如下两个技巧。

（1）尽可能多地加入一些与视频中商品相关的话题，如果可以，可以在话题中指出商品的特定使用人群，增强营销的针对性。

（2）尽可能以推荐的口吻编写话题，让抖音用户觉得抖音运营者不是在推销商品，而是在向他们推荐实用的好物。

图 7-15 所示的两个案例便很好地运用了上述两个技巧，加入了比较多的话题。

图 7-15　在短视频中添加话题

2. 主动开展和组织话题

除了在短视频中添加话题之外，运营者还可以通过主动开展和组织话题实现快速涨粉。当然，要想让自己开展和组织的话题能快速吸引抖音用户，还必须要给出一些奖励。通常来说，开展和组织话题这种涨粉方式比较适合拥有一定影响力的"蓝 V"企业号。

例如，安利（中国）日用品有限公司便借助"蓝 V"企业号"安利君"开展和组织了"# 安利战疫新姿势"话题活动，并根据该话题拍摄了一个用于展示的短视频，如图 7-16 所示。该话题推出之后，就快速吸引了大量抖音用户的参与；与此同时，"安利君"抖音号也借助该活动获得了一批粉丝。

图 7-16　主动开展和组织话题

7.1.8　信息流广告引流

我们在刷抖音时，经常能刷到一些带有"广告"标识的信息流广告，如图 7-17 所示。

在抖音信息流推广中，一共有 3 种投放定向方式。

（1）用户属性定向：年龄、平台、性别、手机品牌和地域等。

图 7-17　抖音信息流广告

（2）用户行为定向：对点击观看过该广告的用户进行追踪。

（3）关键字定向：通过关键字对用户投放广告，如图 7-18 所示。当用户搜索"化妆品"时，抖音会根据算法自动在列表中投放广告。

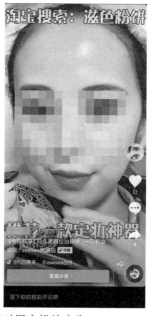

图 7-18　通过关键字对用户投放广告

7.1.9　自动回复引流

自动回复引流共有如下 7 种类型。

（1）告知店铺地址：一般适用于生活服务、餐饮等行业的抖音企业号，如图 7-19 所示。

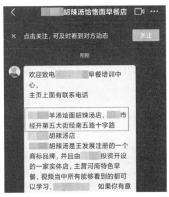

图 7-19　告知店铺地址

（2）介绍公司经营范围和商品相关情况：主要适用于电商行业的抖音企业号，如图 7-20 所示。

图 7-20　介绍公司经营范围和商品相关情况

（3）突出优惠活动或价格，刺激用户的情绪。图 7-21 所示为某抖音企业号自动回复优惠活动或优惠信息，通过优惠券或优惠信息引导用户跳转至其他平台，达到引流的目的。

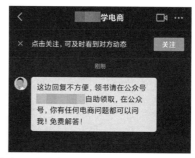

图 7-21　自动回复优惠活动或优惠信息

（4）传达企业理念，增强用户对企业的好感。

（5）引导用户提出或解决问题。图 1-22 所示为某些抖音企业号通过自动回复引导用户留下反馈信息，或对用户发送警告提示。

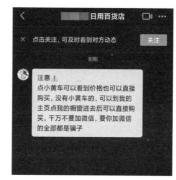

图 7-22　引导用户提出或解决问题

（6）提醒用户留下联系方式，或提醒用户留意抖音企业号的联系方式。图 7-23 所示为某些抖音企业号引导用户留意其主页信息，让用户添加其个人微信或其他联系方式，达到引流目的。

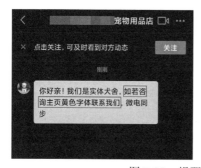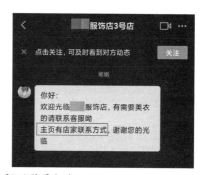

图 7-23　提醒用户留下联系方式

（7）引导用户点击下方的联系标签获取更多信息，如图7-24所示。

图7-24 引导用户点击下方的联系标签

7.2 导流涨粉：粉丝是静态，流量是动态

当抖音运营者把自己的粉丝只看成抖音平台的粉丝时，那么他的粉丝是局限于抖音平台的；如果将抖音和其他平台的粉丝都看成流量，那么抖音运营者获得粉丝的空间会更广阔。

7.2.1 社交平台导流

除了在抖音内引流之外，抖音运营者还可以跨平台引流，实现内容的广泛传播，获取更多目标用户。本小节即重点介绍抖音运营者需要了解的社交引流平台。

1. 朋友圈

朋友圈这一平台虽然一次传播的范围较小，但是从对接收者的影响程度来说，却具有其他一些平台无法比拟的优势，如图7-25所示。

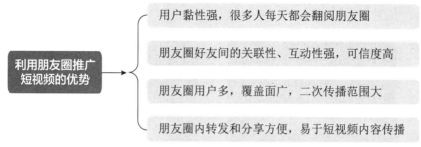

图 7-25　利用朋友圈推广短视频的优势

那么，在朋友圈中进行抖音短视频推广时，抖音运营者应注意什么呢？在笔者看来，有 3 个方面是需要抖音运营者重点关注的，具体分析如下。

（1）抖音运营者在拍摄视频时，要注意开始拍摄时画面的美观性。这是因为推送给朋友的视频是不能自主设置封面的，它显示的就是开始拍摄时的画面。当然，抖音运营者也可以通过视频剪辑方式保证推送视频"封面"的美观度。

（2）抖音运营者在推广短视频时，要做好文字描述。一般来说，对于呈现在朋友圈中的短视频，好友看到的第一眼就是其"封面"，并没有太多信息能让好友了解该视频内容。因此，在短视频发布之前，要把重要信息放上去。这样的设置：一来有助于好友了解短视频，二来如果设置得好，可以吸引好友点击播放。

（3）抖音运营者利用短视频推广商品时，要利用好朋友圈评论功能。朋友圈中的文本如果字数太多，就会被折叠起来。为了完整展示信息，运营者可以将重要信息放在评论里，这也是一种比较明智的推广短视频的方法。

2. 腾讯QQ

腾讯 QQ 有两大推广利器：一是 QQ 群，二是 QQ 空间。

1）QQ 群

无论是微信群还是 QQ 群，如果没有设置"消息免打扰"，群内任何人发布信息，群内其他人都会收到提示信息。因此，与朋友圈和微信订阅号不同，通过 QQ 群推广短视频，可以让推广信息直达受众，受众关注和播放的可能性也就更大。

另外，QQ 群内的用户都是基于一定目标、兴趣而聚集在一起的，因此，如果运营者推广的是专业类的视频内容，那么可以选择这一类平台。

相对于微信群需要推荐才能加群而言，QQ 明显更易于添加和推广。目前，QQ 群分出了许多热门分类，抖音运营者可以通过查找同类群的方式加入，然后通过短视频进行推广。QQ 群推广方法主要包括 QQ 群相册、QQ 群公告、QQ 群论坛、QQ 群共享、QQ 群动态和 QQ 群话题等。

以利用 QQ 群话题来推广短视频为例，抖音运营者可以通过相应人群感兴趣的话题来引导 QQ 群用户的注意力。例如，在摄影群里，可以首先提出一个摄影人士普遍感觉比较有难度的摄影场景，引导大家评论；然后运营者适时分享一个能解决这一摄影问题的短视频。这样一来，有兴趣的用户一定不会错过。

2）QQ 空间

QQ 空间是短视频运营者可以充分利用起来的一个好地方。当然，抖音运营者首先应该建立一个昵称与短视频运营账号相同的 QQ 号，这样才更有利于积攒人气，吸引更多人前来关注和观看。下面具体介绍 7 种常见的 QQ 空间推广方法，如图 7-26 所示。

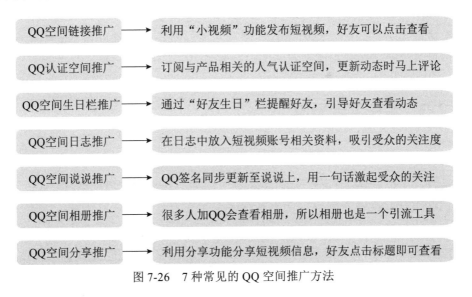

图 7-26 7 种常见的 QQ 空间推广方法

3. 新浪微博

运营者在微博平台上进行短视频推广，除了因为微博用户基数大外，主要还依靠两大功能来实现其推广目标，即 @ 功能和热门话题。图 7-27 所示为小米手机通过借助话题来推广短视频和产品。

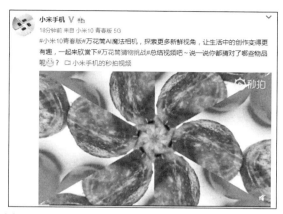

图 7-27　小米手机通过借助话题来推广短视频和产品

首先，在进行微博推广的过程中，@ 功能非常重要。在博文里可以 @ 明星、媒体、企业，如果媒体或名人回复了你的内容，就能借助他们的粉丝扩大自身的影响力。若明星在博文下方评论，则会受到很多粉丝及微博用户关注，那么短视频一定会被推广出去。

其次，微博"热门话题"是一个制造热点信息的地方，也是聚集网民数量最多的地方。因此，抖音运营者要利用好这些话题，推广自己的短视频，发表自己的看法和感想，提高阅读和浏览量。

7.2.2　音乐平台导流

抖音短视频与音乐是分不开的，因此用户还可以借助各种音乐平台来给自己的抖音号引流，常用的有网易云音乐、虾米音乐和酷狗音乐。

以网易云音乐为例，这是一款专注于发现与分享的音乐产品，依托专业音乐人、打碟工作者（Disc Jockey，DJ）、好友推荐及社交功能，为用户打造音乐新生活。网易云音乐的受众是一群有一定音乐素养的、受教育水平较高、收入水平较高的年轻人，这和抖音的目标受众重合度非常高，因此成为抖音引流的极佳音乐平台之一。

用户可以利用网易云音乐的音乐社区和评论功能对自己的抖音进行宣传和推广。抖音原创音乐人马良就非常善于利用网易云音乐进行引流，他在抖音上发布的歌曲包括《往后余生》等都被粉丝广泛使用，其中《往后余生》这首歌还入选了第 26 届东方风云榜音乐盛典十大金曲。

马良在网易云音乐平台中为自己歌曲的宣传也做出了很多努力，如在歌曲评论区和粉丝进行深度互动。图 7-28 所示为马良在网易云音乐评论区与粉丝互动。

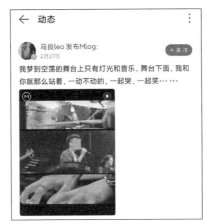

图 7-28 马良在网易云音乐评论区与粉丝互动

因此，评论推广是音乐平台引流的有效方法。在抖音上会对使用某首音乐的视频进行排名。对于抖音运营者来说，使用热门音乐作为视频背景音乐，且让视频排名靠前，也能起到一定的引流作用。

7.2.3 多闪APP导流

2019 年初，今日头条发布了一款名为多闪的短视频社交产品。多闪拍摄的小视频可以同步到抖音，非常像微信开放的朋友圈视频玩法。

多闪 APP 的注册方式非常简单，"抖商"们下载多闪 APP，用头条旗下的抖音号授权、填写手机号、收验证码、授权匹配通讯录等即可进入。多闪 APP 诞生于抖音的私信模块，可以将抖音上形成的社交关系直接引流转移到多闪平台，通过自家平台维护这些社交关系，降低用户维护关系的门槛。

1. 多闪引流其一，同城附近位置导流

在多闪 APP 的"世界"板块中，这些短视频内容的展示顺序依次为可能认识的人、附近的人、人气随拍。抖音这样排序的目的是强化用户的关系链，增加用户使用多闪的频率。

抖音运营者在利用多闪引流时，需要重视"世界"板块。"世界"是用户重构社交关系的流量池，可以深挖同城引流和基于附近的位置引流红利。在"世界"板块会优先展示附近的人发布的短视频信息，同时也会在使用多闪 APP 的过程中收到诸多陌生人的添加好友请求。尤其是同城视频或新店开业类视频，都可以借助"世界"板块来实现广泛被动的引流，而且暂时没有好友上限。

在抖音上吸粉比较容易，但这些粉丝的黏性很低，他们通常只会关注抖音号的内容，而不会与抖音运营者有过多的交集。而多闪的出现，就是为了打通抖音这种社交维度上的不平等关系，通过短视频社交来提升抖音的粉丝黏性。同时，对于抖音运营者来说，还可以在"多闪"中融入各种产品和销售场景，再加上钱包支付和视频红包功能，就能够形成一个良好的商业生态。

2. 多闪引流其二，主动加人引流

通过多闪 APP 主动加人引流的操作步骤如下。

步骤 1 打开多闪 APP，主界面中的"邀请好友来多闪"模块会推荐一些好友，点击"添加"按钮，如图 7-29 所示。

步骤 2 弹出"申请加好友"对话框，❶输入相应的申请信息，❷点击"发送"按钮，如图 7-30 所示。

图 7-29　点击"添加"按钮

图 7-30　"申请加好友"对话框

步骤3 用格式工厂或 inshot 视频图片编辑软件对视频进行剪辑和修改，改变视频的 MD5 值，即可得到"伪原创"的视频文件。

步骤4 把搬运来的视频上传到抖音，同时在抖音账号的资料部分进行引流，以便粉丝添加。

步骤5 执行操作后，进入"消息"界面，可以看到申请添加的好友右侧显示"待通过"提示。在"消息"界面还可以邀请微信和 QQ 好友，如点击"打开微信邀请"按钮，如图 7-31 所示。

步骤6 弹出相应提示框，显示邀请口令，点击"打开微信粘贴给好友"按钮，如图 7-32 所示。

图 7-31 点击"打开微信邀请"按钮

图 7-32 点击"打开微信粘贴给好友"按钮

步骤7 另外，在"消息"界面点击右上角的"+"按钮，在弹出的菜单中选择"添加好友"选项，如图 7-33 所示。

步骤8 进入添加好友界面，其中包括多种添加好友方式，如图 7-34 所示。建议用户点击多闪 APP 内的"添加好友"按钮，操作完成后会显示可能认识的人以及推荐的关系维度（包括通讯录好友、好友的好友等），运营者可在第一时间将能添加的好友全部添加一遍。

图 7-33　选择"添加好友"选项　　　　图 7-34　添加好友界面

与利用抖音自带私信功能相比，多闪 APP 可以发送较多数量的微信号。但是，用多闪 APP 发送过多的微信号时，依然会出现过度营销的提示。

3. 多闪引流其三，互动工具引流

多闪 APP 将抖音中的装饰道具和滤镜特效等大部分功能都移植过来了，拥有丰富的表现方式和场景。抖音运营者在和好友互动时，可以直接用多闪 APP 拍摄各种抖音风格的短视频，以快速吸引更多的年轻用户关注。

多闪 APP 的短视频内容不是以人实现聚合，而是以好友关系实现聚合，避免了刷屏烦恼。和朋友圈的信息刷屏互动模式相比，多闪 APP 的随拍功能显得更为清爽，好友发再多的内容也只会在聊天界面上方提示一次，点击好友头像即可看到他在 72 小时内发布的所有动态内容，并按照更新时间来进行排序，拥有更好的浏览体验。短视频发布 72 小时后，这些内容就只有作者自己能够看见，进一步降低了社交压力。

在多闪 APP 中，没有公开评论的社交场景，都是基于私信的私密社交场景。陌生人之间不需要加好友就能相互聊天，但只能发送 3 条信息。在聊天过程中输入文字时，系统会自动联想海量的表情包来丰富对话内容，不仅降低了

表情包的使用和筛选难度，而且有助于用户表达更多情感和态度。

多闪APP的定位是社交应用，但其以短视频为交友形态，微信的大部分变现产业链同样适用于多闪APP。未来，抖音平台对于导流微信的管控肯定会越来越严格。所以，如果"抖商"在抖音有大量粉丝，就必须想办法添加他们的多闪号。

另外，多闪APP还能帮助抖音运营者带来更多的变现机会。

（1）抽奖活动。在多闪APP推出时，还上线了"聊天扭蛋机"模块，用户只需要每天通过多闪APP与好友聊天，即可参与抽奖，而且红包额度非常大。

（2）支付功能。抖音基于抖音运营者开发的电商卖货功能，与阿里巴巴、京东等电商平台合作，如今还在多闪APP中推出"我的钱包"功能，可以绑定银行卡、提现、查看交易记录和管理钱包等，便于"抖商"变现。

（3）多闪号交易变现。抖音运营者可以通过多闪号吸引大量精准粉丝，有需求的企业可以通过购买这些流量大号来推广自己的产品或服务。

（4）多闪随拍短视频广告。对于拥有大量精准粉丝流量的多闪号来说，其完全可以像抖音和头条那样，通过短视频贴牌广告或短视频内容软广告来实现变现。

/第/ 8 /章/

营销推广：为企业定制个性解决方案

　　成功的短视频营销不仅要有优质的短视频内容，还要有高人气的推广平台和高效率的营销策略，这样才能使短视频营销的效果实现最优化。本章将从推广、营销等几个角度来分析如何进行有效的短视频营销，从而让变现拥有更多可能。

8.1 抖音营销，提高企业知名度

如今，品牌营销"台风"——"抖音美好"已经在全网登陆，涉及吃、穿、住、行等，强势覆盖用户生活的方方面面。"抖音＋各大品牌"的跨界合作在短视频营销领域掀起浪潮。抖音更是重磅推出了"企业认证"功能，这一重大举措无疑为平台的生态赋予了更强大的能量。具体来说，抖音"企业认证"是抖音针对企业诉求提供的"内容＋营销"平台，为企业提供免费的内容分发和商业营销服务。

现如今，在抖音上存在的企业号很少有头像上不带"V"字样的。另外，通过认证的企业号在彰显企业身份、获得权威信用背书的同时，还打入上亿用户的心智，种下潜在"N次传播"的种子，赢得短视频营销的未来。

8.1.1 企业品牌做抖音营销的五大优势

为什么各大品牌主纷纷选择了抖音？因为抖音好玩、有趣、能看上瘾，"抖音范"的趣味广告已成为品牌主眼中的宠儿。本小节将深入分析企业品牌做抖音营销的五大优势，还没有开始做的企业应抓紧时间，抓住抖音的流量红利。

1. 迎合碎片化时代的传播诉求

抖音之所以能火起来，除其本身产品的运营和推广做得很好以外，也恰好迎合了当今碎片化时代的传播诉求。

经过近十年发展，社会化营销的基本流程早已被品牌和广告公司深刻领悟。但是，除了创意是营销中的永恒难题之外，流量越来越贵、用户越来越难获取也成为营销难题。对品牌而言，年轻化、社交化的用户营销平台的选

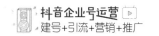

择非常重要，抖音这几年来的表现无疑让人眼前一亮。

抖音目前正是一个巨大的流量洼地，并且抖音用户目标的高度集中性使其有了制造爆款的能力。随着用户的高速增长，"日刷抖音300条"产生了一大波的流量红利。在抖音还未开启商业合作之时，就已经有很多产品因抖音的小视频而偶然爆红，意外享受到了这波流量红利。对品牌而言，越早介入，越能享受平台高速发展期所带来的一系列红利。

2. 品牌能够获得更高的曝光率

抖音的用户增长速度很快且日活跃度非常高，每位用户的平均在线时长可达1个小时以上，这样品牌就能获得更高的曝光率。

一个品牌做抖音营销，最关键的是品牌的曝光率。但是，除非抖音企业号是与抖音官方合作拍摄广告，或者认证的企业"蓝V"，否则其自带的品牌广告很容易被限流和屏蔽。因此，企业在进行品牌植入时，一定要根据视频内容，巧妙地曝光自己的品牌。

企业创作短视频虽成本低、宣传效果好、转化率高，但是一切的前提都建立在优质的短视频内容上。可以说在短视频时代，内容才是王道。优质的内容离不开巧妙的创意，以及精准的用户画像、明确的企业定位。

企业创作短视频时，一定要注意以下几点。

（1）趣味且实用，拒绝低俗的模仿。品牌创造内容需要有趣、有创意，带有自身识别度，清晰展示自身品牌定位，这一点需要企业结合自身产品定位，创造优质个性内容。这也是在短视频平台上比较容易传播的内容，如用自身产品进行实物展示、开发新功能、创意植入等。

（2）巧妙结合热点，拒绝跟风无底线。热点话题、热门内容等可以提升流量，但是对于有别于一般用户的官方企业号来说，需要将热点与自身品牌特征相结合，不能盲目跟风。企业官方推出的作品一定要注意版权。

3. 年轻人接受新事物的能力强

抖音里一二线城市年轻群体居多，他们对新事物的接受能力强，而且更愿意参与到新鲜刺激的各项挑战里，满足了品牌对于营销平台的选择需求。

例如，原本对数字化敬而远之的CHANEL，在"抖音美好生活映像志"的"蓝V"账号上一连12天上线12支"Chanel J12腕表"的广告视频；再如，

Dior 成为首个入驻抖音的奢侈品品牌，培养年轻人群体，使他们转化为潜在的消费对象——品牌想要找到年轻人，抖音是绕不开的平台。

4. 具有很强的话题性和互动性

抖音目前已成功捧火了奶茶、火锅、城市旅游景点等众多领域内的品牌，具有很强的话题性和互动性。对品牌而言，只要可以植入自家产品形象，营销本身的推广形式其实并没有局限。而抖音作为继微信公众号、微博之后的一个新的企业营销展示平台，品牌自然也十分乐意去进行新渠道的尝试。

5. 塑造品牌形象，扩大影响力

对品牌主来说，抖音"蓝 V"企业认证号就相当于企业在抖音的阵地，它能帮助企业传递业务信息，与用户建立互动。

很多企业和品牌都看到了抖音的巨大流量及转化能力，包括支付宝、华为、OPPO、vivo、小米、爱彼迎、马蜂窝、宜家、必胜客等知名公司的品牌也已经纷纷入驻了抖音平台，通过或搞笑或创意的视频内容，来提升用户黏性和品牌曝光度。

例如，联想抖音账号给出了两个标识：其一是口号"每一次联想，都不止 15 秒"；其二是更新时间"每天 18:00"。联想抖音号的视频内容则是每天固定的女生出镜，以趣味的方式展现联想的各类产品，把产品广告做成段子，却不低俗，足够有趣，勾起用户对产品的更多联想。

8.1.2　企业品牌主玩抖音的三大主要方式

抖音可为企业品牌提供的展示方式主要有开屏广告、视频流广告、发起挑战、品牌官方账号等，可以总结为观看体验类、社交体验类、互动体验类三大类。其中，原生信息流广告和挑战赛是最为常见的合作方式。

1. 观看体验类：迎合碎片化时代的传播诉求

抖音上的原生信息流广告支持跳转落地页和品牌主页，用户还可以参与广告的点赞、评论、转发。

例如，在 2019 年 10 月，福特抖音企业号凭借着电影《攀登者》高价值广告曝光资源，以及超强的互动参与度的挑战赛活动，视频总播放次数达到3.2亿，如图 8-1 所示。

图 8-1　福特的话题挑战与相关视频

2．社交体验类：品牌官方账号

过去，品牌在使用短视频营销时，通常是采用一次性投放策略，结果往往只能获得一次性的品牌曝光数据。现如今，通过抖音企业号强大的社交属性，企业不仅可以通过短视频曝光品牌，而且可以将获得的用户数据转化为自己的品牌粉丝。企业积累的粉丝越多，做营销的成本就越低。

同时，通过品牌官方账号的私信功能，企业号可以在抖音平台打造自己的社交关系，积累粉丝，实现高效沟通，创造更多营销转化。

3．互动体验类：抖音挑战赛

挑战赛是一种整合打通抖音站内资源的合作模式，包括定制挑战、核心入口展示、达人互动、定制贴纸和音乐入库等。例如，《少年之名》的"男友力挑战赛"、天猫的"夸夸挑战赛"都属于这种方式，如图 8-2 所示。

图 8-2　抖音挑战赛

8.1.3　引爆品牌营销的5种内容形式

过去，品牌想接触到用户，需要通过信息触达、唤醒、召回等各个环节才能做到；但抖音通过短视频这种沉浸度更强的表达方式，将品牌和用户的距离缩得很短，用户的转化性也得到极大地增强。

目前，抖音的品牌主页上可以定制品牌头图、账号头像"蓝 V"身份认证、文字介绍，同时支持品牌官网、电商渠道的转化入口、话题挑战赛内容聚合以及置顶的品牌视频等功能。除常规的开屏广告、信息流广告之外，抖音目前还为品牌主提供了互动贴纸、KOL 或明星的合作矩阵、挑战赛的方式。企业主可以获得官方认证标识，并使用官方身份，通过视频、图片等多种形态完成内容营销闭环。

当然，内容仍然是企业品牌在抖音平台上传播的重中之重，知道再多的方法论，最终都是要表现在内容的传播上。笔者通过系统地分析和梳理，总结出了以下 5 种引爆品牌营销的内容形式。

1. "戏精"类：完美展现品牌特性

"戏精"类内容是指抖音企业号运用自身的表演技巧和出乎意料的剧情安排，将品牌的特性完美展现。比较典型的案例就是"水果侠"主题乐园，这类视频内容非常适合"发起挑战"，因为会吸引很多 UGC 共同参与创作。在此案例的推广期间，挑战话题"被玩坏的魔性神曲水果侠"排在热门挑战第 2 位。

因此，在内容创作上，企业也可以做一个"演技派"，采用歌曲演绎、自创内容演绎和分饰多角等拍摄手法，将音乐变成表演秀。"戏精"类内容适合想要塑造或者改变形象的企业，如有些品牌想把形象打造得更年轻、更鲜活、更有趣、更不一样。例如，抖音联合七大博物馆推出的"文物戏精"系列，偏正统、严肃的博物馆以及展品被赋予了鲜活的新形象，甚至成为"潮酷"的代表，重新塑造和赋予了新的品牌意义。

2. 特效类：品牌形象插入视频

抖音企业号运用软件制作特效，将品牌形象或信息穿插入视频内容中，辅以震撼音效。特效类的典型案例就是《移动迷宫3》，抖音达人分别通过个性的手势动作，加入丰富的特效，穿插电影的预告信息。

当品牌主自己有标语、主题，希望充分表达时，可以借助达人的原生影响力与标签感，并运用各种特效来充分彰显品牌理念和主张。

3. 实物类：引发"带货"效应

抖音企业号将实物产品软性植入拍摄场景，或作为拍摄道具来直观展现，引发"带货"效应。例如长城汽车的案例，抖音达人通过在视频里加入长城汽车的海报信息，以及在衣服上粘上"WEY"的车型标志，并搭配富有创意的舞蹈，毫无违和感，让视频有整体感。

再如，用户在视频中和"小爱同学"玩"调教 play"，通过小米 AI 音箱的人性化 AI 功能，在自动识别用户的语音后，给出充满趣味性的回答，让人捧腹。更有人制订了一套"恶搞"问题的训练计划，让人工智能回答变得更有趣。当大家都在研究如何让"小爱同学"变成优秀的段子手时，"小爱同学"已成为小米 AI 音箱的代名词，也让其附带上二次元属性，成为最火的 AI 音箱。

4. 故事类：引发互动产生共鸣

抖音企业号将产品或品牌信息用讲故事的手法带入特定的暖心及接地气的短视频情境中，和用户产生情感共鸣，引发互动。例如，比较典型的是"口味王"品牌的案例，抖音达人通过平淡暖心的叙事手法，将"口味王"零食送给辛苦的劳动者，让他们感受到温暖，从而传递出此品牌的亲民性。

企业做内容规划时需要考虑两个重点——内容的关联性和可持续性。

（1）内容的关联性。做出的内容要与品牌有一定关联，品牌或产品要处于一个相对重要的地位。假如，一个登山装备的品牌可以做一些喜剧类的视频，通过剧情的设定巧妙地将产品作为关键道具植入。但是，这种剧本故事的生产能力其实是有难度的，而且其内容非常难持续生成。

（2）内容的可持续性。每个产品的背后都有大量可诉说的技能、技术、知识，随着产品的技术迭代、新品上市，其实这种技能类、知识类的内容普通企业也可以持续生产。

5. 动作类：潜意识打入用户心智

KOL 运用肢体动作，表现品牌或产品蕴含的个性特征，引发用户联想，从潜意识切入，打入用户心智。比较典型的案例就是电影《环太平洋 2》，抖音达人用极具特色的形式拍摄视频，搭配电影的经典 BGM，最后模仿预告片经典动作，说出品牌内容。

8.2 抖音企业号的营销推广功能

相较于抖音个人号，抖音企业号还具有更多的营销推广功能，这些功能可以为抖音企业号的营销和推广助力。

8.2.1 认领POI：实现兴趣内容与门店转化

对于抖音企业号运营者而言，其可以在计算机端完成 POI 的认领操作。

步骤 1 抖音企业号运营者在计算机端登录抖音企业管理平台，选择左下角"转化功能"标签，如图 8-3 所示。

步骤 2 进入"转化功能"界面，选择"商家页面设置"选项，进入"商家页面设置"界面，如图 8-4 所示。

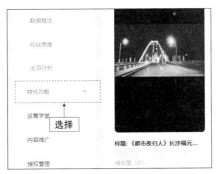

图 8-3 选择"转化功能"标签

图 8-4 "商家页面设置"界面

步骤 3 ❶单击"开启商家界面"右侧的 ⬤ 按钮，❷单击"店铺（POI）"右侧的 ⬤ 按钮，❸选择"设置门店 >"标签，如图 8-5 所示。

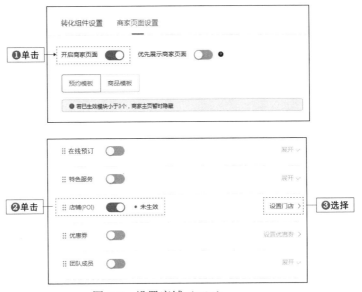

图 8-5 设置店铺（POI）

▷ 专家提醒

在"商家页面设置"界面总共有店铺活动、服务产品、在线预订、特色服务、店铺（POI）、优惠券和团队成员 7 个功能供企业抖音运营者选择，本节主要介绍如何认领店铺（POI）。

步骤4 跳转至"门店关系管理"界面，❶单击"添加＋"按钮，弹出"POI 信息发布和认领规则"对话框， ❷单击"确定"按钮，如图 8-6 所示。

图 8-6　"门店关系管理"界面

步骤5 跳转回"门店关系管理"界面，选择门店所在的城市和市辖区，搜索添加需要被添加的门店，单击"下一步"按钮，如图 8-7 所示。

图 8-7　设置门店地址并添加门店

步骤6 跳转至"门店状态"界面，依次完善认领信息、运营者信息、运营者电话，单击"提交审核"按钮，耐心等待审核通过即可，如图 8-8 所示。

图 8-8　"门店状态"界面

店铺（POI）显示位置有两个，最常见的是显示在视频下方，如图 8-9 所示；店铺（POI）显示的另一个位置在抖音企业号主页，如图 8-10 所示。

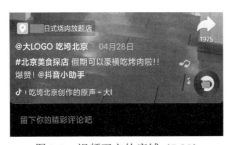

图 8-9　视频下方的店铺（POI）

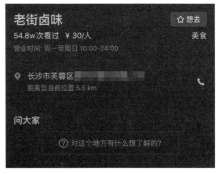

图 8-10　抖音企业号主页的店铺（POI）

8.2.2 认领卡券：扫码拍视频领券增加曝光

抖音企业号除了可以认领 POI 之外，还可以在企业管理平台认领地址，通过用户领券来增加曝光。

步骤 1 抖音企业号运营者在计算机端登录抖音企业管理平台，选择左下角"转化功能"中的"卡券中心"标签，如图 8-11 所示。

图 8-11　选择"卡券中心"标签

步骤 2 弹出"抖音卡券平台活动承诺函"对话框，在认真阅读对话框中的内容后，单击"我同意以上条款"按钮，跳转至"卡券活动中心"界面，如图 8-12 所示。

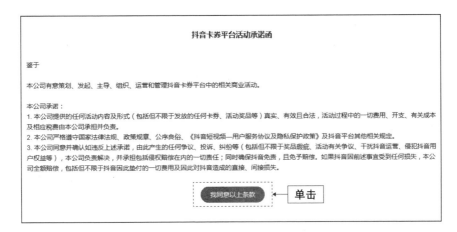

图8-12　"抖音卡券平台活动承诺函"对话框和"卡券活动中心"界面

在"卡券活动中心"界面，抖音企业号运营者可按照要求使用"创建卡券""创建营销活动""关联活动与卡券""核销卡券""查看活动数据"功能，如图8-13所示。

图8-13　"卡券活动中心"功能

8.2.3　卡券配置：线上引流到线下进店消费

当商家设置好活动与卡券之后，进入"主页转化功能"中的"商家页面设置"界面，单击"优惠券"右侧的按钮，开启"优惠券"功能，如图8-14所示。

图 8-14　开启"优惠券"功能

▷ 专家提醒

抖音运营者在设置卡券时，不仅要控制好卡券金额，还需要注意一个门店在同一时间只能设置一个活动，但同一张卡券可以设置应用在不同活动上。此外，抖音运营者设置的卡券需要符合审核标准，如图 8-15 所示。

卡券需经过审核才能使用，审核标准：
1.卡券图文内容不包含黄反暴力、宗教迷信等违反社区规范的内容。
2.商家LOGO、商家名称需与企业号主体名称或品牌一致。
3.图片清晰美观，不包含第三方水印、无拉伸变形、无白边。
4.优惠券标题、使用须知、更多详情 3 项符合实际，不互相矛盾。
5.图文均不包含《中华人民共和国广告法》禁止的绝对性词汇，无虚假夸张宣传。
6.图片中不得出现引流类联系方式，包括网址、微信号、二维码、口令等，不得出现诱导搜索内容，如VX号xxx、公众号xxx、淘宝xxx。
7.卡券推广商品符合平台规范，不包含禁止推广或企业号禁入的商品范畴。
8.不得使用仿冒官方的词汇或LOGO 元素，如"抖音同款""官方推荐"等。
9.卡券跳转的领取页不得存在诱导性图标，如红包、消息提醒红圈等。

图 8-15　卡券审核标准

当商家配置好卡券后，该卡券会显示在抖音企业号主页的商家界面，如图 8-16 所示。

图 8-16　卡券显示位置

8.2.4　商家界面：组合各种个性化营销模块

手机端商家界面设置比较简单，下面进行具体分析和讲解。

1. 自定义企业号主页

抖音运营者打开抖音短视频客户端，登录抖音企业号，进入"我"界面，点击左侧的"商家"按钮，如图 8-17 所示。在"商家"界面，抖音运营者可以自定义"开启商家页面""优先展示商家页面""切换页面模板"等功能，如图 8-18 所示。

图 8-17　点击"商家"按钮

图 8-18　"商家"界面

2. 编辑商家页面

抖音运营者进入"商家"界面后，点击下方的"编辑商家页"按钮，即可跳转至"商家页面设置"界面，在该界面可以开启店铺活动、服务产品、在线预订、特色服务、店铺（POI）、优惠券和团队成员等功能，如图 8-19 所示。

图 8-19 跳转至"商家页面设置"界面

"商家页面设置"界面的功能具体说明如表 8-1 所示。

表 8-1 "商家页面设置"界面的功能具体说明

功能名称	功能介绍	说　明
店铺活动	在"商家"界面展示优惠类活动，点击该活动相关的按钮即可跳转至抖音企业号产品转化页	在"商家"界面内设置
服务产品	展示企业主推的产品或服务，点击该产品或服务相关的按钮即可跳转至抖音企业号产品转化页	在"商家"界面内设置
在线预订	客户可在线留下联系方式预订该企业的产品或服务，抖音运营者可在"企业服务中心"|"企业号数据"|"用户预约数据"中查看用户预约数据	在"商家"界面内设置
特色服务	将企业的特色和产品卖点提炼成简洁有力的文字	在"商家"界面内设置
店铺（POI）	展示抖音企业号认领成功的门店，其优势有 4 点： （1）根据门店地址和特点，POI 可精准触达意向人群； （2）抖音 4 亿名日活量用户可为门店带来巨大的流量； （3）通过 POI 和卡券等工具，可助力门店实现线上至线下的营销转化； （4）通过上传短视频，可让门店瞬间火遍全国	前往"企业服务中心"|"抖音门店"认领 POI

续表

功能名称	功 能 介 绍	说　　明
优惠券	展示抖音企业号已设置成功的优惠券	客户端暂不支持设置该功能，可前往抖音企业管理平台设置
团队成员	展示该企业或团队的成员，如优秀讲师等	客户端暂不支持设置该功能，可前往抖音企业管理平台设置

8.2.5　DOU+助力：推荐给更多感兴趣用户

DOU+ 作品推广功能是一种给短视频加热，让更多抖音用户看到短视频的功能。简单理解，其实质就是通过向抖音平台支付一定的费用，花钱买热门，提高抖音短视频的点击率。

在抖音 APP 中有两种使用 DOU+ 作品推广功能的方法，即在抖音企业号主页使用和在视频播放页使用，接下来将分别进行简单说明。

1. 个人主页使用

在个人主页使用 DOU+ 作品推广功能的具体步骤如下。

步骤1 登录抖音 APP，进入"我"界面。❶点击██按钮；❷在弹出的右侧管理栏中点击下方的"更多功能"按钮，如图 8-20 所示。

步骤2 操作完成后，进入图 8-21 所示的"更多功能"界面，在该界面中点击"拓展功能"中的"上热门"按钮。

步骤3 跳转至"DOU+ 上热门"界面，选择需要被推上热门的某个视频，点击该视频下的"上热门"按钮，如图 8-22 所示。

步骤4 操作完成后，进入"定向版"界面，如图 8-23 所示。"DOU+ 上热门"有两种方式可以选择，即"速推版"和"定向版"。在"定向版"界面中可以查看被推广视频的相关信息和DOU+的预期效果等。只需点击下方的"支付"按钮，并支付相应的费用，就可以将短视频推上热门，提高其传达率。

图 8-20　"我"界面

图 8-21　"更多功能"界面

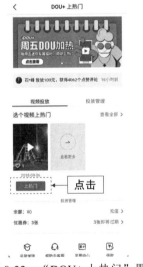

图 8-22　"DOU+上热门"界面

图 8-23　"定向版"界面

2. 视频播放页使用

除了在抖音企业号主页界面使用之外，DOU+ 作品推广功能还能在视频播放页使用，具体步骤如下。

步骤1 在抖音企业号主页打开需要推广的短视频，点击界面中的 ●●● 按钮，如图 8-24 所示。

步骤 2 弹出"私信给""分享到"对话框，点击"上热门"按钮，如图 8-25 所示。

图 8-24 点击 ●●● 按钮

图 8-25 点击"上热门"按钮

步骤 3 进入"DOU+作品推广"界面，抖音运营者只需选择相应的推广效果，按照提示支付对应的费用，便可以借助 DOU+ 作品推广功能进行推广引流，如图 8-26 所示。

图 8-26 支付相关费用

8.2.6 应用下载：满足不同场景的推广需求

在抖音企业号主页，抖音运营者还可以添加"应用下载"按钮，下面进行具体介绍。

步骤1 打开抖音 APP，进入"我"界面，如图 8-27 所示，点击"蓝 V"下的"+ 增加联系方式"按钮。

步骤2 跳转至"联系方式"界面，点击"展示应用下载"右侧的 ⬤ 按钮，如图 8-28 所示。

图 8-27 "我"界面　　图 8-28 "联系方式"界面

步骤3 点击"显示名称"按钮，弹出"显示名称"对话框，从"应用下载""立即下载""立即试玩""立即体验"中选择一个名称即可，如图 8-29 所示。

图 8-29 设置显示名称

步骤4 在"联系方式"界面点击"下载地址"按钮，跳转至"编辑下载地址"界面，抖音运营者可选择在该界面输入安卓地址或 iOS 地址，点击"保存"按钮即可，如图 8-30 所示。

图 8-30 设置编辑下载地址

当抖音运营者保存完下载地址后，该下载地址会直接显示在该抖音企业号的主页上，如图 8-31 所示。

图 8-31 抖音企业号主页上的下载地址

8.3 抖音企业号的行业案例解析

随着抖音的发展壮大，越来越多的企业开始将抖音作为一个重要的营销平台，抖音已成为企业营销不可忽视的一个阵地。本节就从不同行业进行分析，让大家掌握相关的运营技巧。

8.3.1 教育行业抖音认证企业号案例

根据教育行业"蓝 V"企业号的播放、点赞、投稿和粉丝等运营情况，《抖音企业蓝 V 白皮书（2019 版）》选出了教育行业"蓝 V"企业号的活跃 TOP10，也选出了飙升 TOP10，具体榜单情况如图 8-32 所示。

图 8-32 教育行业"蓝 V"企业号的活跃 TOP10 和飙升 TOP10

下面以活跃 TOP10 中排名第 1 的"北京七点画室"为例进行说明。由该账号的名字可知这是一个以分享美术内容为主的"蓝 V"企业号。图 8-33 所示为该"蓝 V"企业号的抖音主页，可以看到其粉丝数量已达到 674 万，该账号也因此成为教育培训行业的头部账号。那么，它是如何做到的呢？

其实这个问题可以从账号的简介中找到答案。该账号的简介为"我是美术生，爱好，整老师"。确实，该账号发布的许多内容都包含了"整"老师的元素。虽然这些视频是在整蛊老师，但在显示学生绘画功底的同时，也让抖音用户从侧面看到了该培训机构的培训水平。

图 8-34 所示为"北京七点画室"发布的一条视频，该视频中一位老师在喝果汁时，果汁杯被学生换成了手绘的果汁杯，老师喝了一口才知道自己上了学生的当，这也从侧面反映出学生绘画功底之深。

图 8-33 "北京七点画室"的抖音主页

图 8-34 "北京七点画室"发布的视频

8.3.2 家居行业抖音认证企业号案例

根据家居建材"蓝 V"企业号的播放、点赞、投稿和粉丝等运营情况，《抖音企业蓝 V 白皮书（2019 版）》选出了家居建材行业"蓝 V"企业号的活跃TOP10，也选出了飙升 TOP10，具体榜单情况如图 8-35 所示。

图 8-35 家居建材行业"蓝 V"企业号的活跃 TOP10 和飙升 TOP10

下面以活跃 TOP10 中排名第 1 的"维意定制家居"为例进行说明。由该账号的名字可知这是一个专注做家居内容的"蓝 V"企业号。一般的家居类"蓝 V"企业号能够获得的粉丝比较有限，而该账号却获得了超过 476 万名粉丝，并且成功跻身于家居建材行业的第 1 位。该"蓝 V"企业号之所以能做到这一步，笔者认为主要有两个原因。

第一个原因是该账号发布了大量优质的视频，其中甚至包括一条播放量过亿的视频，如图 8-36 所示。在抖音上，播放量过亿无疑是非常火爆的视频了，其带来的流量也是非常可观的。因此，仅凭这一条视频，"维意定制家居"就能获得一定数量的粉丝。

第二个原因是该账号借助主页中的"商家"板块对企业的相关信息进行了宣传推广，如图 8-37 所示。其中的 0 元设计更是吸引了大量抖音用户的关注。虽然 0 元设计只有 200 个名额，而且还只能是本地业主，但许多抖音用户还是会点进去看一看。

图 8-36　播放量过亿的视频　　　　图 8-37　借助"商家"板块宣传推广

8.3.3　服装行业抖音认证企业号案例

根据服装配饰"蓝 V"企业号的播放、点赞、投稿和粉丝等运营情况，《抖音企业蓝 V 白皮书（2019 版）》选出了服装配饰行业"蓝 V"企业号的活跃 TOP10，也选出了飙升 TOP10，具体榜单情况如图 8-38 所示。

图 8-38　服装配饰行业"蓝 V"企业号的活跃 TOP10 和飙升 TOP10

下面以活跃 TOP10 中排名第 3 的"汉尚华莲汉服"为例进行说明。汉尚华莲是一个原创汉服品牌。近年来，汉服开始受到越来越多年轻人的欢迎，而抖音又是一个年轻人聚集的平台，所以其很容易便可获得大量抖音用户的关注。

再加上"汉尚华莲汉服"发布了许多高质量的汉服短视频，因此其"蓝 V"企业号很快便获得了一定的粉丝量。图 8-39 所示为"汉尚华莲汉服"发布的两条短视频，可以看到这两条短视频的相关数据是比较可观的。

图 8-39　"汉尚华莲汉服"发布的两条短视频

/第/9/章/

商业变现：让企业抖音赢利不再"难"

为什么要做抖音企业号？对于这个问题，大部分运营者的回答可能是通过抖音赚取"一桶金"。那么要如何变现，才能通过抖音赚取"一桶金"呢？

本章就从电商变现、广告变现、内容变现、IP品牌变现和实体店变现5个方面进行分析，提高运营者的变现能力。

9.1 电商变现模式

对于抖音运营者来说，最直观、有效的赢利方式当数销售商品或服务变现。借助抖音平台销售产品或服务，只要有销量，就有收入。具体来说，用产品或服务变现主要有 6 种形式，本节将分别进行解读。

9.1.1　建立自营店铺，有效快速变现

抖音最开始的定位是一个方便用户分享美好生活的平台，而随着商品分享、商品橱窗等功能的开通，抖音开始成为一个带有电商属性的平台，并且其商业价值也一直被外界所看好。

对拥有淘宝等平台店铺和开设了抖音小店的运营者来说，通过自营店铺直接卖货无疑是一种十分便利、有效的变现方式。运营者只需在商品橱窗中添加自营店铺中的商品，或者在短视频中分享商品链接，其他用户便可以点击链接购买商品，如图 9-1 所示。商品销售出去之后，运营者便可以直接获得收益。

图 9-1　点击链接购买商品

9.1.2　通过微商卖货，转化流量变现

微信卖货和直接借助抖音平台卖货，虽然二者销售载体不同，但也有一个共同点，即要有可以销售的产品，最好是有自己的代表性产品。而微商卖货的重要一步就在于，将抖音用户引导至微信等社交软件。

将抖音用户引导至社交软件之后，接下来便可以通过将微店产品链接分享至朋友圈等形式对产品进行宣传，如图 9-2 所示。只要用户点击链接购买商品，微商便可以直接赚取收益。

图 9-2　微信朋友圈宣传产品

9.1.3　提供优质服务，解决客户痛点

这里的服务指的是对方通过购买运营者的时间来解决他的问题。例如，笔者提供的一对一咨询服务就是解决粉丝在人设定位和拍摄方向的问题。如果是营销推广类的抖音号，就可以推出提供营销推广的服务，给客户提供一套品牌曝光的方案；如果是穿搭类的账号，就可以推出穿搭个性方案，帮助客户变得更美。

图 9-3 所示为某抖音号的相关界面，可以看到该抖音号就是通过提供课程和相关教材服务的方式进行变现的。

图9-3 通过提供服务进行变现

9.1.4 出版图书作品，通过版权变现

图书出版主要是指短视频运营者在某一领域或行业经过一段时间的经营，拥有了一定的影响力或者有一定经验之后，将自己的经验进行总结后，进行图书出版，以此获得收益的赢利模式。

对于短视频原创作者通过出版图书这种方式获得赢利，只要抖音短视频运营者本身有基础与实力，那么收益还是很可观的。例如，"手机摄影构图大全"抖音号便是通过这种方式获得赢利的。该运营者通过抖音短视频、微信公众号、今日头条等平台积累了30多万名粉丝，成功塑造了一个IP。

因为多年从事摄影工作，"手机摄影构图大全"结合个人实践与经验编写了一本手机摄影方面的图书，如图9-4所示。该书出版之后短短几天，仅"手机摄影构图大全"抖音号售出的数量便达到了几百册，由此不难看出其受欢迎程度。而这本书之所以受欢迎，除了内容对读者有吸引力之外，与"手机摄影构图大全"这个IP也是密不可分的，部分抖音用户就是冲着"手机摄影构图大全"这个IP来买书的。

另外，当图书作品火爆后，运营者还可以通过售卖版权来变现，小说等类别的图书版权可以用来拍电影、拍电视剧或者网络剧等，这种收入相当可观。当然，这种方式可能比较适合那些成熟的短视频团队，如果作品拥有了较大的影响力，便可进行版权赢利变现。

图 9-4　"手机摄影构图大全"编写的摄影书

9.1.5　赚取平台佣金，通过销售变现

抖音短视频平台的电商价值快速提高，其中一个很重要的原因就是随着精选联盟的推出，抖音企业号即便没有自己的店铺，也能通过帮他人卖货赚取佣金。也就是说，只要抖音企业号开通了商品橱窗和商品分享功能，便可以通过引导销售获得收益。

当然，在添加商品时，抖音运营者可以事先查看每单获得的收益。以男装类商品为例，抖音运营者可以直接搜索男装，查看相关产品每单可获得的收益。如果想要提高每单可获得的收益，还可以点击"佣金率"按钮，让商品按照获取佣金的比率进行排列，如图 9-5 所示。

商品添加完成之后，其他用户点击商品橱窗中的商品或短视频的商品链接购买商品，抖音运营者便可以获得收益。

图 9-5　添加商品时查看每单的收益

9.1.6　售卖网络课程，知识付费变现

对部分自媒体和培训机构来说，其自身可能无法为消费者提供实体类的商品。那么，对它们来说，短视频平台的主要价值是否就是积累粉丝，进行自我宣传的一个渠道呢？

很显然，抖音短视频平台的价值远不止如此，只要自媒体和培训机构拥有足够的干货内容，同样能够通过抖音短视频平台获取收益。例如，可以在抖音短视频平台中通过开设课程招收学员的方式，借助课程费用赚取收益。

图 9-6 所示为"剪映视频教程"抖音号的商品橱窗界面，可以看到其列出了大量课程，而其他抖音用户只需点击进入便可以购买对应的课程。很显然，这便是直接通过售卖课程的方式来实现变现的。

图 9-6 "剪映视频教程"抖音号的商品橱窗界面

9.2 广告变现模式

移动互联时代的发展带来了巨大的用户红利，数以亿计的用户成为移动互联用户，在此基础上，短视频市场呈爆发式增长。如今，短视频的商业变现模式已经基本成熟，其中广告变现一马当先，成为主流变现方式，适用于90%以上的团队。

所以，对抖音运营者来说，越早制定广告变现逻辑和产品线，就越有机会获得广大品牌主的青睐。

9.2.1 短视频广告合作中的3种角色

"抖商"要想通过短视频广告来赚钱，就必须清楚它的基本组成角色和流程。短视频广告合作中涉及的角色主要包括广告主、广告代理公司以及短视频团队。

1. 广告主

广告主也就是品牌、企业或者商家等有推广需求的人或组织，是广告活动的发布者，或者是销售或宣传自己产品和服务的商家，抑或是联盟营销广告的提供者。通俗来说，广告主就是出钱做广告的人。

近年来，视频移动化、资讯视频化以及视频社交化的趋势加速了移动短视频的全面井喷式爆发，同时也让流量从 PC 端大量流入移动端。短视频广告不仅投入成本比传统广告更低，而且覆盖人群也更加精准，同时植入产品的成长性更强，可以有效触达品牌受众。因此，为品牌进行定制化的短视频广告已成为广告主采购时的标配。

例如，法国娇韵诗品牌在抖商上发起"哇，水被我控住了！"挑战赛，并配合"创意贴纸＋实力达人"演绎神奇锁水功能，如图 9-7 所示。

图 9-7　法国娇韵诗品牌的短视频广告

（1）智能技术定制。娇韵诗品牌联合抖音制作魔力控水创意贴纸，邀请各种类型的抖音达人如张欣尧、"露啦嘞""Rita姐_白彦翮"等，通过各种魔术般的炫酷技术、转场和效果对比等，在不同场景下充分演绎产品超强控水的特性。

（2）挑战赛。通过挑战赛话题的圈层传播，吸引更多的用户参与，并有效将用户引导至天猫旗舰店，形成转化。

据悉，"哇，水被我控住了！"挑战赛吸引了超过31万人参与，上传的短视频多达34万条，获得4.8亿条的播放量和超过1330万条的点赞量。在活动前3天的热推期间内，娇韵诗品牌的天猫官方旗舰店销量增长超过20%。

2. 广告代理公司

广告代理公司扮演了一个非常专业的角色，能够为广告主提供定制化的全流程广告代理服务；同时，其拥有更多的广告渠道资源和达人资源，能够制作精美的、贴合品牌调性的短视频广告。

当然，在短视频广告变现流程中，广告代理公司的角色是可有可无的，因为广告主可以直接和达人对接，能够节省大量的广告费用，同时达人也能够获得更多收益。但是，很多大型企业和大品牌仍然会选择广告代理公司来合作，不仅是因为它们的渠道和资源优势，而且它们的渠道管理能力和视觉包装能力也是小团队不能比的。广告代理公司通常会实行集中化和标准化运作，在整体规划下进行专业化分工，使复杂的短视频广告业务简单化，以提高经营效益。

3. 短视频团队

短视频团队是短视频广告变现最终的"落地者"，他们肩负了策划拍摄、内容制作、后期剪辑等一系列短视频创作工作，对短视频广告的曝光和转化产生直接的影响作用。

对短视频团队这个角色来说，它们不仅是为广告主拍摄广告视频，而且要本着为粉丝提供优质内容的心态，这样才能吸引粉丝的关注和参与。内容才是短视频的核心，而这些被内容吸引过来的粉丝就是短视频团队的财富。短视频团队只有转变传统的广告思维，注重内容，注重用户体验，才能让粉丝的痛点和广告主的宣传需求完美结合起来，打造出高转化的短视频广告作品。

除了"一条""二更""三感"外，还有六点半团队（代表作《陈翔六点半》）、罐头场（代表作《日食记》）、即刻视频（代表作《使馆主厨》）、罐头视频（代表作《罐头小厨》）、蜂群影视（代表作《一杯》《我的前任是极品》）等短视频团队共同占据了行业 90% 的收入。

例如，蜂群影视团队如今已扩张到 500 多人，围绕泛生活领域打造强大的短视频矩阵，如"一杯""麦馆""汤店"等美食类账号，"那些不敢说的秘密""小学生看世界"等泛娱乐类账号，金融理财类和英语教育类等也都有所涉及，如图 9-8 所示。

图 9-8 蜂群影视团队的头部 IP

9.2.2 短视频广告合作的变现流程

在短视频领域中，对那些拥有众多粉丝的账号和达人来说，广告是最简单直接的变现方式，他们只需在自己的平台或短视频内容中植入广告主的广告，即可获得一笔可观的收入。

1. 短视频广告合作的变现方式

广告变现是短视频盈利的常用方法，也是比较高效的一种变现模式。短视频平台的广告形式可以分为很多种，如冠名广告、浮窗 LOGO、植入广告、贴片广告以及品牌广告等。创意植入广告可以说是短视频创作者直接可见的变现手段：一是收入快，二是有新意。

值得注意的是，各大短视频平台运营水平参差不齐，极大地影响了变现的效果。那么，究竟怎样的运营方式才能实现广告变现呢？笔者认为：一是要有一定的人气基础，二是植入广告的内容要求优质，如此才能实现广告变现的理想效果。下面详细介绍常见的短视频广告合作变现方式，如图9-9所示。

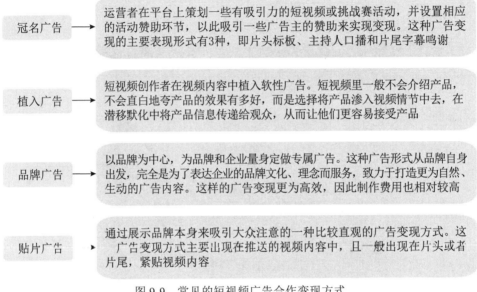

图9-9　常见的短视频广告合作变现方式

▷专家提醒

例如，"一条"推送的以短视频为主的内容一般是把内容与品牌信息结合在一起，是软性的广告植入，不会太生硬，而且能够有效地传递品牌理念，增强用户的信任感和依赖感。因此，这也是利用短视频广告变现的一种有效方式。

2. 短视频广告合作的基本流程

短视频广告合作的基本流程如图9-10所示。

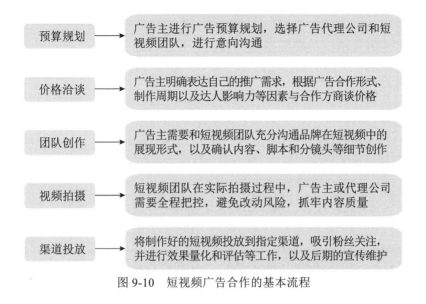

预算规划	广告主进行广告预算规划，选择广告代理公司和短视频团队，进行意向沟通
价格洽谈	广告主明确表达自己的推广需求，根据广告合作形式、制作周期以及达人影响力等因素与合作方商谈价格
团队创作	广告主需要和短视频团队充分沟通品牌在短视频中的展现形式，以及确认内容、脚本和分镜头等细节创作
视频拍摄	短视频团队在实际拍摄过程中，广告主或代理公司需要全程把控，避免改动风险，抓牢内容质量
渠道投放	将制作好的短视频投放到指定渠道，吸引粉丝关注，并进行效果量化和评估等工作，以及后期的宣传维护

图 9-10　短视频广告合作的基本流程

9.3　内容变现模式

什么样的内容容易变现？本节即介绍抖音平台最容易变现的内容，帮助大家把产品卖到脱销。

9.3.1　推荐优质产品，抖音种草内容

很多人会被抖音种草号的内容所吸引，从而激发出需求。尤其是看到很多人在留言评论区评论已下手时，一些人就会情不自禁地"剁手"。

运营者做这类视频时，需要具备良好的选品眼光，即运营者要知道哪些产品受人喜欢，并且大部分用户都用得着、买得起。总之，运营者选的产品方向一定是越垂直越好，如服装类、玩具类或者生活类产品等。

做种草号的根本是好产品。运营者短视频拍得再好，如果选择的商品不符合用户需求，短视频即使有再多人看也没有意义。没有销售转化的内容就无法获得收益，运营者也就无法完成自己的目标。

选择抖音产品有 7 个原则，分别是新、奇、特、展、利、品、高。首先介绍新、奇、特。"新"指的是新鲜感，即某产品不常见；"奇"指的是有创意，让用户感到意外；"特"指的是特别，完全颠覆了用户的固有常识。

其实，抖音上卖的大部分爆款商品都符合新、奇、特原则。例如，图 9-11 所示短视频中展示的可爱手机壳就是生活中比较少见的，而且是让人感觉很有创意的产品。因此，许多抖音用户在看到该短视频之后，马上就会对短视频中展示的可爱手机壳心动。

图 9-11　展示可爱手机壳

"展"指的是用短视频展示商品的使用场景。这一点非常重要，运营者在选择商品时，需要思考如何把它的特点和优点展现出来。

"利"指的是利润，运营者做种草号一定是追求利润最大化，所以在选择商品时，运营者除了看该商品的佣金外，还要看该商品的往期销量。

另外，在抖音不适合卖高客单价（Per Customer Transaction，顾客平均购买商品的金额）商品，只要入手价格超过 60 元，销售转化率就会特别低。

"品"指的是品质，这是好商品的及格线。运营者挑选的商品质量一定要过关，不能以次充好。一般来说，运营者在挑选商品时，都会先看评价，如果产品评价比较差，即使佣金再高也不能卖，因为这会直接影响用户对该抖音号的信任感。

"高"指的是高频刚需。宝洁公司之所以可以屹立多年不倒，成为全球最大的日常消费品公司之一，是因为飘柔、舒肤佳等品牌商品对用户来说都是极其高频刚需的，而这些高频刚需的商品往往售价低廉，一旦商品戳中用户的痛点，用户就很容易做出购买决策。

最后，笔者总结了两个选品技巧：一是选产品时一定要先参考同行数据，考察此类产品销量如何，销量好的产品可以快速跟进，并在此基础上做出差异化的内容；二是运营者选择的产品一定要满足新、奇、特原则。

9.3.2　测评相关产品，立马变现内容

抖音测评类账号比较多，如抖音头部"老爸测评"账号就会挑粉丝感兴趣的产品，主要测试效果、成分、质量和性价比等，并在测试的同时为抖音用户提供安全、放心的产品，如图9-12所示。

图9-12　"老爸测评"发布的短视频和相关商品详情

当然，有些抖音企业号可能没有"老爸测评"那么专业，此时可以选择"大V"还没有测评的领域，如测评线上课、衡量课程的收获以及知识点丰富程度等。值得注意的是，测评的原则是保持中立的态度，这一点运营者一定要谨记在心。

9.3.3 做好几个步骤，让产品卖脱销

抖音不仅留住了用户们的时间，还有意无意间成为带货小能手，打造了很多爆款，"抖音同款"4个字俨然已成为大IP。

之所以抖音上的某些产品卖到脱销，最核心的秘诀就是"网红基因"。那么，运营者究竟做好哪几步才能让自己的产品与抖音同款一样成为爆款，卖到脱销呢？笔者认为主要有如下4步。

1. 打造专属场景互动

"打造专属场景"指的是在熟悉的场景，利用社交媒体进行互动。例如，在吃海底捞时，有网友自创网红吃法，如自制调料、自制锅底、DIY涮菜等。图9-13所示为"海底捞"话题的相关页面，可以看到其短视频的播放量达到了64亿条，很多短视频的点赞数已达上万个。

图9-13 "海底捞"话题的相关页面

在抖音的传播下，海底捞的营业额瞬间翻了好几番。关于这一点，运营者可以根据自己产品的特点，在粉丝熟悉的场景中自己制作一些互动视频。

2. 产品要简单实用

抖音上有一款10.9元包邮的网红磁吸肥皂架，可方便摆放肥皂。只要将肥皂架粘在墙壁上，再将磁吸片嵌入肥皂内即可，使用起来非常方便。因此，该磁吸肥皂架很快就受到了抖音用户的欢迎，如图9-14所示。

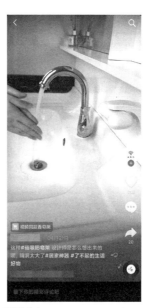

图 9-14　磁吸肥皂架

如果运营者的产品符合这一点，即简单实用，就可以在视频中展示使用过程，将"简单实用"体现出来。

3. 制造传播的社交货币

很多产品爆火的背后，并不是因为它的实用价值，而是因为它具备社交属性。例如，曾经在网上卖到断货的小猪佩奇手表。它的火爆并不是因为该手表比其他手表质量更好、更好用，而是因为"小猪佩奇身上纹，掌声送给社会人"这句话让用户觉得自己和别人不一样，这款手表让他们有了身份认同感。

所以，运营者在传播自己的产品时，一定要有意识地打造属于产品的社交货币，让产品能够帮助用户贴上更多无形的标签。

4. 产品性价比要高

产品除了质量过硬外，价格还要亲民。绝大多数的抖音爆款产品价格不会太高，这主要是因为即使再好的东西，消费者也会货比三家。如果产品性价比高，消费者自然会选择该产品。

以上 4 步就是让运营者产品卖到脱销的核心秘诀，如果运营者有自己的产品，不妨认真思考如何打造爆款产品；如果运营者没有产品，可以按照上述要求，逐一筛选产品。

9.4 IP 品牌变现模式

"IP+品牌"能够借助火爆的短视频内容效应引动粉丝，从而达到流量与价值的双重变现。超级 IP 是一副"好牌"，品牌实力也不容小觑，通过短视频将双方紧密结合，是抖音变现的一个新渠道。

9.4.1 探索抖音和IP的共性

抖音和 IP 的共性在于引流，抖音可以为品牌带来大量的流量，IP 也具备这个能力。在互联网中进行创业，流量是最重要的"武器"，没有流量就难以赢得市场，没有消费者就不会产生收益。因此，现在就是一个"粉丝时代"，只有拥有流量的品牌或 IP 才能真正做好做大。

IP 流量变现是"网红"经济的本质特征。例如，来自淘宝的"网红"店铺"陈儒兵服饰店"以时装搭配风靡网络，其真诚又谦虚的性格赢得了无数粉丝的支持，仅仅在淘宝上就累积了 47 万多名的精准粉丝，如图 9-15 所示。只要是她买过的东西，很快就会被粉丝们跟风买断。"陈儒兵服饰店"也开通了抖音橱窗，通过抖音的 IP 效应给淘宝店铺引流，单件商品的浏览数达到了惊人的 51.7 万次，曾入选抖音"好物榜"的第一名，如图 9-16 所示。

图 9-15　"陈儒兵服饰店"淘宝店铺　　图 9-16　"陈儒兵服饰店"抖音平台

在互联网中，"网红"与明星一样，他们的一举一动都成为粉丝模仿的对象，如服饰习惯、发型妆容等。粉丝之所以关注这些网络红人，并不只是为了购买他们的商品，更多的是因为喜欢他们创作的内容，这也证实了他们拥有同样的消费观和价值观，从而成为一个黏性极高的垂直消费群体。尤其是短视频内容能够让 IP 更好更完整地诠释产品的特质，这样不仅将 IP 原本的平面形象的壁垒打破，而且能够提升粉丝对于产品的认知，从而更容易打造爆款。

9.4.2　做好品牌变现的定位

根据抖音的基础用户画像报告显示，抖音的用户边界正在不断扩展，从年轻走向普世。抖音用户的男女比例基本持平，90% 以上的用户年龄在 35 岁以下，整体学历偏高，而且重点城市为一二线城市，同时正在不断辐射三四线城市的广泛人群。

从抖音用户群体可以看出，其并没有划分出明显的圈层，用户都只会看自己喜欢的内容。因此，品牌如果想要扩散到更广泛的人群，必须在内容上下工夫，此时定位就显得相当重要。

品牌定位与 IP 属性相符合，IP 营销自然不会"哑炮"。因此，在进行短视频变现时，品牌与 IP 一定要从内容上建立起强关联，从过去传统的去商业化转变为娱乐化，并通过垂直定位打造细分领域的不可替代的影响力。

9.4.3　制作热门的视频内容

如今，品牌已经进入一个"产品即媒体，内容即品牌"的时代，IP 与品牌合作，通过短视频变现。在制作短视频内容时需要把握以下几个原则。

（1）放低门槛。IP 与品牌在合作过程中，用户定位的重要性远大于内容定位，因此需要将自己的门槛调低一些，从而获得更多的用户。

（2）寻找话题。话题可以有效连接品牌和用户，话题可以是品牌故事、产品卖点、有趣的段子等，也可以在标题上借助社会上的一些时事热点、新闻的相关词汇来给短视频造势，增加点击量。品牌可以在抖音平台上参与各种符合自身定位的话题，这样短视频就会自动被系统纳入话题列表中，被其他关注该话题的人看到，这相当于进入了一个更大的流量池。

（3）引起共鸣。情感是人人都有的，而情感的共鸣则是吸引观众目光的绝佳方式。因此，品牌可以拍摄有趣的、正能量的短视频内容，并在其中融入情感的因素，这样即可达到走进观众内心的目的，迅速占领用户心智，提升短视频的播放量和点赞量，为品牌或产品赋能。

9.4.4 塑造核心IP价值观

在抖音上拥有众多粉丝的超级 IP 不但可以帮助商品实现品牌溢价，而且能为商品提供直接销售渠道，如图 9-17 所示。这一点也被很多企业所看中，从而去签约和培养大量"网红"。

图 9-17　超级 IP 的电商价值

目前，大部分时尚品牌都在尝试通过 IP 与粉丝经济来引导消费，如服装、化妆品和美食等。超级 IP 通常有属于自己的"铁杆粉丝"，短视频可以将 IP 作为一个全新的营销切入点，效果通常好于传统的营销方式。

过去，品牌与消费者基本上没有任何联系，即使有联系也都是单向的，更没有"粉丝"一说。而在 IP 时代，品牌与粉丝之间的互动能力已经成为企业经营能力的一种表现，甚至达到了"无粉丝便无品牌"的地步。生产短视频内容的 IP 都具有较高的辨识度，能够引起用户关注的欲望，使 IP 变现越来越受到品牌们的青睐。

当然，品牌们在短视频平台中运用 IP 的粉丝经济来实现营销和变现也需要掌握一定的技巧，如图 9-18 所示。

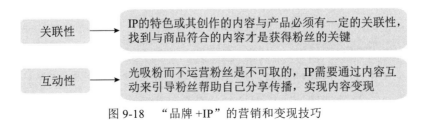

图 9-18　"品牌 +IP"的营销和变现技巧

总之，品牌在打造IP的过程中，只有当价值观明确以后才能轻松做出决定，对内容和产品进行定位；才能突出自身独特的魅力，从而快速吸引用户关注。

9.5 实体店变现模式

抖音是线上平台，而部分抖音运营者主要是在线下进行卖货变现。那么，实体店如何吸引抖音用户进店消费，实现高效变现呢？本节就介绍4种方式。

9.5.1 以店铺为场景，展示自己特色

以店铺为场景就是在店铺中组织各种有趣的玩法。例如，抖音上的"忠义酒馆"就是通过在店铺中展示古色古香的场景来吸引抖音用户到线下实体店打卡的，如图9-19所示。

图9-19 以店铺为场景的"忠义酒馆"

当然，古风店铺包含自身的特色在其中，很多实体店无法模仿。但是，也可以通过一些具有广泛适用性的活动来展示店铺场景。例如，可以在店铺门口开展打折活动，为店铺进行造势。

大家都知道，实体店最重要的其实已不再是产品，因为短视频用户想买产品，可以直接选择网购。那么，实体店如何吸引抖音用户进店消费呢？其中一种方法就是让抖音用户对实体店铺有需求。

网购虽然方便，但是在许多人看来也是比较无聊的，因为它只是让人完成了购买行为，却不能让人在购物过程中获得新奇的体验。如果实体店铺中不仅能买到产品，而且有一些让短视频用户感兴趣的活动，那么短视频用户自然会更愿意去实体店铺中打卡。

有的店铺中会组织一些特色的活动，如让顾客和老板或者店员猜拳、组织对唱或者跳舞等。店铺营业者可以将特色活动拍成视频上传至短视频平台，从而展现店铺场景。这些活动在部分短视频用户看来是比较有趣的，所以他们在看到之后就会对实体店铺心生向往。

9.5.2　打造老板人设，吸引顾客注意

你的老板有没有什么特别的地方？他（她）能不能在视频中出镜呢？抖音上以老板为人设的账号很多。例如，"南宁罗志祥（蒙俊源）"就是一个店铺的老板，他的很多视频都是与顾客的相处过程，打造了一个淳朴、实在的生意人人设，如图 9-20 所示。

图 9-20　打造老板人设

这些老板突然火了之后，就会为店铺带来很多流量。有的人可能是真的想要买东西，更多的人可能只是想去看看这些老板现实生活中到底是什么样的。

9.5.3　打造员工人设，展示店员才华

除了打造老板人设之外，短视频中还可以打造员工人设。你的店铺中有没有很有趣、很有特色的店员？能不能以店员的角度来看待店铺的经营情况，让视频内容看起来更加真实？

例如，某店铺就是通过员工搞怪形象来吸引顾客的。当顾客点了一瓶可乐时，服务员会用端红酒的方式递上来一瓶可乐，用红酒杯盛可乐，甚至服务员在倒完酒后也会用擦红酒瓶的白巾擦可乐瓶口，如图 9-21 所示。

图 9-21　打造员工人设

在许多抖音用户看来，这种服务非常搞笑。因此，看到这个倒可乐的视频之后，抖音用户都想要去店铺亲身体验一下。这样一来，便通过员工人设的打造，增强了实体店铺对抖音用户的吸引力。

当然，有的店铺中的店员看上去可能并没有什么十分特别的地方，那就可以在了解员工的基础上，对员工的独特之处进行挖掘和呈现。如果这种挖掘不好做，还可以直接招收一些比较有才的店员。

9.5.4 顾客帮你宣传，众口皆碑效应

店铺中的人员比较有限，所能达到的宣传效果也比较有限。另外，抖音用户可能会觉得店铺的相关人员拍摄的视频不是很客观。那么，能不能让进入店铺中的顾客拍摄短视频，让顾客帮忙进行宣传呢？

图 9-22 所示为"茶颜悦色""铁竹堂"借助"××吃货王"抖音号，让顾客帮忙进行宣传的一条视频。

图 9-22　让顾客帮忙宣传

让顾客帮忙宣传这种营销方式，无论是对顾客还是对店铺都是有益处的。对顾客来说，可以丰富自身拍摄的内容。如果拍摄的视频上了热门，还可以获得一定的粉丝量。

对于店铺来说，很多抖音用户都会参考顾客拍摄的视频，对店铺评价高的顾客越多，店铺的生意就会越好。

其实，很多实体店铺之所以能够成为网红店铺，都是因为顾客的口口相传为店铺塑造了良好的口碑。如果每个进店的顾客都能拍一条短视频，那么即便一条视频只能带来 5 个顾客，实体店铺也能持续不断地获得大量的客流。

避"坑"指南：企业做抖音要避开这些"坑"

在抖音账号的运营过程中，我们可能会遇到各种各样的问题，如在发布短视频时很容易违反抖音的相关规则。本章就对一些常见问题进行解答，帮大家避开抖音运营过程中的"坑"。

10.1 抖音企业号运营的基本规则

抖音企业号在运营时必须先遵守抖音相关规则，在符合规则的要求下尽最大可能宣传自己的产品或服务。

10.1.1 抖音企业号功能违规素材讲解

抖音运营者在添加官网链接、产品转化页、商家主页功能时，需要认真核对自己的素材，以避免违规带来的人力物力的浪费。

1. 涉及医疗用品

如果抖音运营者的产品涉及医疗用品，或产品描述信息中带有医疗效果，那么上传的素材是无法通过抖音官方审核的，如图 10-1 所示。

图 10-1 涉及医疗用品的素材

当抖音运营者用短视频带货时，如果涉及医疗用品，那么这条短视频也会被限流。图 10-2 所示为涉及医疗用品的短视频，可以看出其点赞量、转发量、评论量都难以超过 50 条。

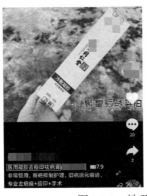

图 10-2　涉及医疗用品的短视频

值得广大抖音企业号运营者注意的是，在发布短视频时应该尽量避免出现"医疗""疗效""疗程""医用"等字眼，以免被抖音官方限流，减少账号的权重，影响引流变现。当然，万无一失的办法是，抖音企业号运营者确保自己发布的视频和医用产品不产生太大关联。

2. 内容夸大失实

抖音企业号涉及的产品描述要与产品图片和产品本身相吻合，产品描述不能夸大其词。图 10-3 所示为夸大失实的产品描述。

图 10-3　夸大失实的产品描述

图 10-4 所示为产品描述失实的短视频，无论是亚麻籽油快速提高智力，还是用针灸提高孩子的智力，其提高智力的方法都是很片面的，因而这些短视频无法通过抖音算法的审核，它们的点赞、转发、评论数量都不是很多。

图 10-4　产品描述失实的短视频

3. 涉及博彩、彩票等

涉及博彩、彩票等内容的产品都是抖音平台明令禁止的。

10.1.2　抖音企业号视频内容规范

抖音企业号除了自己的相关素材要符合抖音平台的规定外，其上传的视频也需要符合抖音视频内容规范。下面将详细讲解抖音视频规范原则和正确视频示例。

1. 基础原则

（1）底线原则。视频内容切不可能涉及军、政、黄、赌、毒，影射社会的热点事件。这一点不仅是抖音短视频平台的底线原则，同样也适用于国内其他短视频平台，如快手短视频、微信视频号等。

（2）搬运原则。抖音企业号搬运的外站视频不能带有外站视频的特效和LOGO，带有其他平台LOGO的视频是不能搬运到抖音上的。

（3）内容原则。视频中不能出现低俗或引人不适的画面，视频标题不能出现反动或封建迷信等内容。

（4）调性原则。不可出现酒吧、KTV 等混乱或诱导未成年人违背社会公共秩序的内容。

（5）着装原则。短视频中不能出现低俗着装、暴露等内容。

2．广告原则

抖音企业号在短视频中插入广告时，应遵守抖音官方发布的广告原则，如图 10-5 所示。

> 不可出现联系方式（手机号码/微博/微信/二维码/地址）；
> 不可在视/音频及标题中出现抽奖、送礼、暗示价钱或较强售卖倾向的行为字眼；
> 不可对站外平台进行引流；
> 不可出现与企业号认证资质无关的产品推广内容，如A公司认证主体为女装，发布了财经荐股视频，判断与企业认证资质无关，将暂停其认证，并对用户进行教育。

图 10-5　广告原则

3．正确视频示例

（1）抖音企业号发布的原创作品需要保证画面清晰美观，内容充实，人物着装大方得体。图 10-6 所示为某抖音号发布的内容，该短视频清晰度高，讲述气球代替鞭炮的内容也很新奇。

图 10-6　原创清晰短视频示例

（2）结合热搜榜单或抖音话题挑战赛的规则，同时结合企业自身的优点，制定参与热点的方案。图 10-7 所示为抖音企业号"青岛啤酒 1903"发布的短视频，可以看到该短视频参与了"美食趣胃计划""美食推荐官""最 DOU 吃货季""小龙虾"等话题。

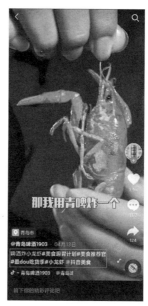

图 10-7 "青岛啤酒 1903"发布的短视频

（3）打造积极向上的企业形象。图 10-8 所示为抖音企业号"华为"发布的关于"梅花香自苦寒来"的短视频，整个短视频都在传达"致为梦想而奋斗的你"的主题，打造企业积极向上的形象。

图 10-8 "华为"发布的短视频

（4）讲述品牌或产品的成长历程，走情怀路线，打感情牌。图 10-9 所示为抖音企业号"小米公司"发布的关于地震预警功能发展历程的短视频，该短频走的就是情怀路线。

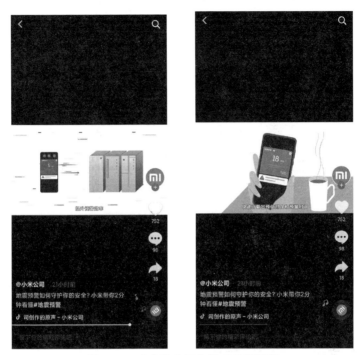

图 10-9　"小米公司"发布的短视频

10.1.3　版权法律风险

抖音容易遇到的版权法律风险如下。

（1）未经授权，不可使用第三方具有版权的素材、产品等。

（2）短视频内容不能出现抖音平台禁止出现的艺人或红人。最典型的就是带有关于葛优影视片段的短视频基本都是优酷官方和抖音官方发布的，其他未授权的账号发布葛优短视频是难以获得流量的，如图 10-10 所示。

（3）不可使用未授权的影视剧或综艺素材。

（4）不可搬运站外短视频。

图 10-10　未授权账号发布的关于葛优的短视频

10.1.4　抖音企业号私信发送与审核规则

抖音运营者在运营抖音企业号时一定离不开私信功能，私信是客户与企业之间沟通的桥梁，暗藏着促成交易的无限可能性。但抖音运营者在使用该功能的同时，也应该遵守私信发送与审核规则。

1. 私信发送规则

抖音官方列出的私信发送规则如下。

（1）用户与抖音企业号为互相关注状态，互相发送消息无次数限制。

（2）当用户私信 1 条消息，而且没有关注抖音企业号时，抖音企业号只能回复 3 条消息，超过 3 条消息后对方还没有回复信息，该抖音企业号就无法再向对方发送信息，如图 10-11 所示。

（3）未关注该抖音企业号的用户消息将会显示在该账号的"消息列表"之中，而不是折叠在"陌生人消息"里。

（4）抖音企业号及时向未关注的用户发送一条自动回复消息，不算在 3 条消息的限制之内。

（5）3 条消息的数量限制只生效 48 小时，48 小时后抖音企业号又可以发送 3 条消息。

图 10-11　未关注的用户私信

2. 私信审核规则

抖音官方列出的私信审核规则如图 10-12 所示。

> 1.图文中不得出现违反社区规则、违反底线的内容。
>
> 2.企业号涉及教育培训，不得对效果做出明示或者暗示的保证性承诺，如"一次通关""100% 包过"等描述。
>
> 3.企业号涉及招商投资加盟类，不得对投资回报、收益或者与其相关的情况做出保证性承诺，明示或者暗示保本、无风险或者保收益等，如使用"理财前/理财后"的效果对比图作为素材、承诺"收益达 18%""月薪 3000 元，理财一年买奥迪"等。
>
> 4.企业号涉及服饰鞋帽，评估有盗版风险的，不得出现明显品牌LOGO。
>
> 5.索要用户联系方式，可通过如"请留下联系方式，我们把报价发给您"。

图 10-12　私信审核规则

10.1.5　抖音企业号私信自动回复规则

抖音官方发布的企业号私信自动回复规则如图 10-13 所示。抖音运营者在设置自动回复时应该注意避免这类问题，减少不必要的麻烦。

1.不得出现黄反、联系方式等明显违规内容，不得出现任何联系方式及变体、链接及变体。内部域名或内部产品引导可通过，如头条、火山等。如抖音号为联系方式，则不能用"请看抖音号"引导查看抖音号。

2.不得出现电商平台名、应用商店名、店铺名、公众号/订阅号、引导搜索文字、引流站外文案、水印等。

3.不得出现疑似微信号或店铺名的无意义连续词组，如"搜索fusk001""浏览张美丫外贸"，除非词组前有抖音号或抖音ID字样。

4.企业号涉及教育培训，不得对效果作出明示或者暗示的保证性承诺，如"一次通关、100%包过"等描述。

图 10-13　抖音企业号私信自动回复规则

10.1.6　POI门店认领规则及头图设置规则

以下为摘自抖音官方关于POI门店认领规则及门店装修审核规则的内容，抖音运营者了解这些规则之后，在运营抖音企业号时可以少走一些弯路。

1. 门店认领规则

抖音POI门店认领规则如下。

（1）抖音企业号若没有提交新的营业执照，那么抖音官方会审核该抖音企业号认证时上传的营业执照，同时抖音企业号运营者需保证营业执照上的地址与POI地址一致。

（2）新提交的营业执照必须为有效证件。

（3）新提交的营业执照必须与注册抖音企业号时的营业执照有一定的相关性。

2. 门店头图设置规则

店铺头图规则如下。

（1）图片不能包含网址、微信、电话等联系方式。

（2）图片中不得包含违规内容。

（3）不得包含第三方平台水印。

（4）不得盗用他人图片或素材。

（5）头图必须与账号主体或POI门店有一定关联。

当然，抖音运营者可参考大企业的头图，如"小米手机"抖音企业号头图是小米10手机的宣传图，"小米公司"抖音企业号头图是一个短视频，如图10-14所示。

图10-14 "小米手机"与"小米公司"抖音企业号头图

10.2 抖音企业号的 4 个常见误区

笔者在一些公司做新媒体咨询时发现这些公司对抖音都没有深入了解，他们认为自己注册完账号之后就只需要更新内容，而抖音会自动给自己分发流量，帮助引流涨粉。其结果就是运营一段时间之后，该抖音企业号就会难以继续运营。

笔者认为，抖音企业号存在以下4个误区。

（1）认为抖音企业号自然而然就会有流量加持。

（2）认为抖音企业号可以不择手段进行营销，或者随意撤销广告。

（3）认为注册了抖音企业号，该账号可信度就比其他账号高。

（4）认为抖音企业号有不做内容的特权。

让很多公司或运营者陷入这些误区的原因主要有 3 个。

（1）不了解抖音短视频这个平台。

（2）不了解抖音的推荐机制和算法。

（3）抖音运营者指导能力和运营能力不够。

10.2.1　抖音企业号有流量扶持特权

如果抖音运营者对抖音的推荐机制和算法有所了解，就会知道抖音企业号和抖音个人号一样，在没有付费购买推广服务的情况下都是没有特殊流量加持的，都要靠自己引流和维护粉丝。例如，抖音企业号"一汽红旗"虽然已拥有 200 多万名粉丝，但依然会在评论区引流吸粉，如图 10-15 所示。

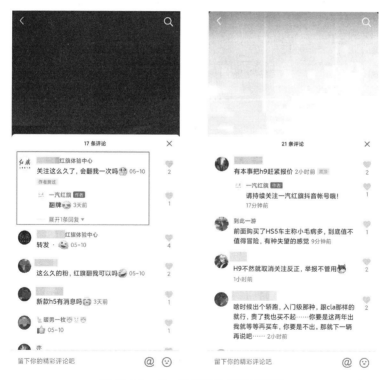

图 10-15　"一汽红旗"评论区吸粉

10.2.2 抖音企业号可以随意做营销

抖音企业号和抖音个人号一样，都要在遵循抖音官方规则的情况下做营销推广，如明显的广告推销短视频是会被限流的。图 10-16 所示为某牛奶品牌官方抖音企业号，该短视频在直接推广该牛奶饮料后已被抖音官方限流，这从寥寥无几的点赞量、评论量就可以看出。

图 10-16　被限流的短视频

10.2.3 注册抖音企业号就有信任度

并不是注册了抖音企业号就会有信任度，企业信任度是来自企业本身 IP 的。例如，一提到 iPhone 手机，大家都会觉得它流畅好用，这就是 iPhone 这个品牌 IP 带来的口碑，也是用户信任感的来源。苹果公司也入驻了抖音，如图 10-17 所示。

图 10-17　苹果公司抖音企业号

10.2.4　抖音企业号可以不用做内容

抖音企业号也需要坚持推送内容。例如，OPPO 是被很多用户熟知的手机品牌，即使该品牌几乎每天霸占手机品牌榜第一位，但它依然会坚持 1 ～ 2 天内更新一条短视频，如图 10-18 所示。

图 10-18　"OPPO"抖音企业号

10.3 抖音企业号运营的注意事项

面对火爆的抖音，普通用户如何正确地做好运营，甚至使其拥有较好的变现能力呢？抖音运营应讲究方法和技巧，本节将介绍抖音运营的一些技巧和相关的注意事项。

10.3.1 遵守抖音平台规则

对于运营抖音自媒体的人来说，做原创才是最长久最靠谱的一件事情。在互联网上，要想借助平台成功实现变现，一定要做到两点：遵守平台规则和迎合用户的喜好。下面重点介绍抖音中一些必须要遵守的规则。

（1）不建议做低级搬运。例如，对于带有其他平台特点和图案的作品，抖音平台一般会直接封号或者不给予推荐，因此不建议大家做。

（2）视频必须清晰无广告。

（3）要了解视频推荐算法机制。首先，抖音给账号推荐一批人，如先给100个人看视频，这100个人就组成了一个流量池。假如这100个人观看视频之后反馈比较好，有80人完全看完，有30个人点赞，有10个人发布了评论，系统则会默认该视频是一个非常受欢迎的视频，因此会再次将视频推荐到下一个流量池。

例如，第二次推荐给1000人，然后重复该过程，这也是我们经常看到一个热门视频连续好几天都能刷到首页的原因。当然，如果第一批流量池的100个人反馈不好，该视频自然也得不到后续的好的推荐。

（4）账号权重。笔者之前分析了很多账号，发现那些抖音普通玩家上热门有一个共同的特点，即给别人点赞的作品很多。这是一种模仿正常用户的玩法，如果直接发视频，系统可能会判断该账号是一个营销广告号或者小号，会审核屏蔽等。提高权重的具体方法如下。

● 使用头条号登录。用QQ登录今日头条APP，然后在抖音的登录界面选择今日头条登录即可。因为抖音是今日头条旗下的产品，通过头条号登录，会潜在地增加账号权重。

● 采取正常用户行为。多去给热门作品点赞、评论和转发，选择粉丝越多的账号效果越好。如果想运营好一个抖音号，前 5 ～ 7 天先不要发作品，在空闲时多看别人的视频，然后多关注和点赞，即使后期再取消关注，也要多做这些工作，这样可以让系统判断该账号是一个正常的账号。

10.3.2　不要随意删除短视频

很多短视频都是在发布了一周甚至一个月以后才突然开始火爆起来的，所以这一点给笔者一个很大的感悟，即抖音其实是一个人人都可使用的平台，唯一不同的是内容的质量。抖音号是否能够快速冲上 100 万名粉丝，是否能够快速吸引目标用户的目光，最核心的点还是在于内容。

所以，笔者很强调一个核心词，即"时间性"。因为很多人在运营抖音时有一个不好的习惯，即当他发现某个视频的整体数据很差时，就会把该视频删除。笔者建议大家不要删除之前发布的视频，尤其是账号还处在稳定成长时，删除作品对账号有很大的不良影响。

删除作品可能会减少上热门的机会，减少内容被再次推荐的可能性；另外，过往的权重也会受到影响，因为账号本来已经运营维护得很好，内容已经能够很稳定地得到推荐，此时把之前的视频删除，可能会影响当下已经拥有的整体数据。

这就是"时间性"的表现，那些默默无闻的作品可能过一段时间又能够得到一个流量扶持或曝光，因此我们唯一不能做的就是把作品删除。当然，如果认为删除视频没有多大影响，也可以删除，但根据笔者之前实操删除作品的账号发现，账号的数据会明显受到很大的波动。

10.3.3　选择合适的发布时间

在发布抖音短视频时，笔者建议发布频率以一周 2 ～ 3 条为基本，然后进行精细化运营，保持视频的活跃度，让每一条视频都尽可能上热门。至于发布的时间，为了让作品被更多的人看到，"火"得更快，一定要选择在抖音粉丝在线人数多时进行发布。

据统计，饭前和睡前是抖音用户最多的使用场景，有 62% 的用户会在这段时间内看抖音；10.9%的用户会在碎片化时间看抖音，如上卫生间或者上班路上。尤其是睡前和周末、节假日这些时间，抖音的用户活跃度非常高。笔者建议发布时间最好控制在以下3个时间段，具体如下。

（1）周五18:00—24:00。

（2）周末两天（周六和周日）。

（3）其他工作日18:00—20:00。

同样的作品在不同的时间段发布，效果肯定是不一样的，如果在流量高峰期发布，那么作品就有可能被更多人看到。如果用户一次性录制了好几个视频，那么千万不要同时发布，每个视频发布时中间至少要间隔一个小时。

10.3.4 注意团队力量的发挥

随着"无边界时代"的到来，短视频会越来越火爆，这也正是团队或者企业进入整个短视频领域的火爆期。

当然，一个人要想做好短视频也是可以的，很多达人都是自己一个人运营抖音号，如拍一些自己唱歌跳舞的视频，就能积累上百万名的粉丝。甚至有一些达人，通过自己一个人在家，或者在办公室，或者自己就在沙发上坐着，然后拍摄一些短视频，就能够火爆起来，这是一个人的团队做法。但是，这种情况毕竟是少数，任何一个平台从一开始到中期再到后期，入驻的作者都是越来越优秀的。

所以，在当下做抖音运营，笔者认为团队入驻是最好的。可以建立一个6～7个人的专业团队，每天只生产一条15秒的短视频。在这样一种高质量、高背景、高强度以及高专业的情况下，生产出来的内容会更加受欢迎。

因为现在大家都用碎片化的时间来阅读，如果是几分钟的视频，很多人不一定愿意看完；但如果是15秒的短视频，那就有很多人愿意看完。但是，如果只有短短15秒的视频也没有给用户呈现出要表达的内容，那么用户可能看到6秒、7秒或者10秒时就会退出，这对于团队创作的信心打击非常大。

团队的自媒体运营者或相关企业应尽快开始做抖音短视频运营，因为在团队的协作下，只要肯投入金钱和精力，不管是涨粉还是整个运营策略，都能够更快速地得到发展。

当然，在创建抖音团队时，高效率是大家共同追求的目标，可以使用5P

要素来帮助自己打造一个拥有高效率特征的抖音团队，具体方法如下。

（1）团队目标（Purpose）。抖音团队要制定一个运营目标，而且该目标必须简单、明确和统一，然后大家通过共同努力配合来实现该目标。

（2）团队成员（People）。人是团队中不可缺少的元素，各种事项都需要由人来完成。同时，要选择合适的团队成员来组建一支高效的抖音团队。

（3）团队定位（Place）。将抖音团队放在企业的什么位置、选择谁作为团队领导者，以及各个团队成员的任务安排等，都必须做好明确的定位。

（4）权限分配（Power）。分配好团队成员的管理权限，如信息决策权、营销计划决定权、人事决定权等。

（5）制订计划（Plan）。计划就是完成目标的具体工作程序，团队必须制定一系列具体的行动方案，所有的团队成员需要严格按计划进行操作，一步步贴近并实现目标。

其中，抖音团队的主要成员包括编导、演员、摄影师、剪辑师等。其中，演员是最重要的角色，尤其是真人出镜的短视频内容，演员一定要有很好的表演能力或者好的颜值，这些是吸引用户持续关注的必要条件。

抖音团队的主要工作包括选择主题、策划剧本、拍摄剪辑、特效制作和发布维护等。总之，只要产品有一定的传播性，有更好的创意，有团队能够把它拍摄出来，就都能有机会火爆。

10.3.5　掌握黄金发布时间

用户在运营抖音时一定要掌握一些技巧，而不仅仅是录视频和配上背景音乐，发布之后就完成任务了。做抖音自媒体同样也要学会数据的分析和运营。下面重点介绍两个数据比例，记住这两个比例，对于后期的短视频运营和优化将会有很大的帮助。

（1）第一个是 10∶1。视频如果有 10 个赞，就应该会增加一个粉丝。

（2）第二个是 100∶5。100 次播放量会产生 5 个赞，这是一个中等水平的数据。当然，很多"网红"相对来说比例可能会高一些，可能是 100 条播放量就有 10 条赞甚至更多。

例如，某短视频的播放量是 1000 次，按照正常比例来说应该至少有 50 个赞，但实际点赞数只有 34 个，即看的人较多，但喜欢的人不多，那么就可以判定该视频内容需要进行优化，以提升点赞量。

要想成为抖音平台上的达人，除了做好过程的运营外，在分析相关数据的基础上进行复盘也是必不可少的工作。复盘不是简单的总结，而是对过去所做的全部工作进行一个深度的思维演练。抖音运营复盘的作用主要体现在4个方面，具体如下。

（1）了解抖音项目的整体规划和进度。

（2）看到自身的不足、用户的喜好、对手的情况等。

（3）能够站在全局的高度和立场看待整体局势。

（4）找出并剔除失败因素，重现并放大成功因素。

总的来说，抖音的复盘就是分解项目，并在此过程中分析和改进项目出现的各种问题，从而优化最终的落地方案。抖音的运营与项目管理非常相似，成功的运营离不开好的方案指导。只有采用科学的复盘方案，才能保证抖音的运营更加专业化，更容易产生爆款。

对于抖音运营者来说，复盘是一项必须学会的技能，是个人成长最重要的能力，我们要善于通过复盘来将经验转化为能力。其具体操作步骤如下。

（1）回顾目标。目标就好比一座大厦的地基，如果地基没有建好，那么大厦就会存在很大的隐患，因此不科学的目标可能会导致抖音运营的失败。在做抖音运营之前，运营者就需要拟定一个清晰的目标，并不断回顾和改进。

（2）评估结果。复盘的第二个任务就是对比结果，看是否与当初制定的目标有差异，主要包括刚好完成目标、超额完成目标、未完成目标和添加新目标4种情况，分析相关的结果和问题，并加以探讨改进。

（3）分析原因。分析原因是复盘的核心环节，包括成功的因素是什么和失败的根本原因是什么。例如，发布的短视频为什么没有人关注，或者哪些短视频成功地吸引到大量粉丝点赞等，将这些成败的原因都分析出来。

（4）总结经验。复盘的主要作用就是将运营中的所有经验转化成个人能力，因此最后一步就是总结出有价值的经验，包括得失的体会，以及是否有规律性的东西值得思考，还包括下一步的行动计划。

10.3.6 避开抖音运营各种"坑"

在短视频领域，渠道运营是非常重要的工作。做短视频渠道运营的过程中，一定要了解两部分内容，一是渠道的规则，二是运营的误区。

短视频运营工作比较复杂，不仅要懂内容，还要懂渠道能做互动。但是，内容团队往往没有充足的预算配备完善的运营团队，所以导致运营者会涉及很多方面的工作内容，一不小心就会陷入工作误区，抓不住工作重点。下面介绍较常见的6个抖音运营误区。

1. 过度把精力放在后台

第1个误区就是过度把精力放在后台。很多短视频运营者都是从公众号运营转过来的，在做公众号运营，发布内容之前会先发预览，成功发布之后也会第一时间去浏览，在这些场景中我们都是用户身份。

但是在做短视频运营时，我们往往只注重后台操作，发布之后也不会到每个渠道中看，这样的做法是非常不对的。因为每个渠道的产品逻辑都不同，如果不注重前台的使用，就无法真正了解该渠道的用户行为。

2. 不与用户进行互动

第2个误区是不与用户进行互动。一般给内容评论的都是渠道中相对活跃的用户，及时有效地互动有助于吸引用户的关注，而且渠道方也希望创作者可以带动平台的用户活跃起来。

当然，运营者不用每一条评论都去回复，可以筛选一些有想法、有意思或者有价值的评论来回复和互动，如图 10-19 所示。其实，很多运营者不是不知道互动的重要性，但更多的是因为精力有限，没有时间去实践。

图 10-19　多在评论区与用户进行互动

3. 运营渠道单一

第3个误区是运营的渠道非常单一。建议大家进行多渠道运营，因为多渠道运营会发现更多的机会，而且很多渠道可能会在不经意间产生爆款，也能增加一些小惊喜。

4. 不管不顾硬追热点

追热点其实是值得推荐的，但是要把握好度，内容上不能超出自己的领域。因此，如果热点与自己的领域和创作风格不统一，千万不能勉强追热点。

这一点可以在抖音上得到验证。往往一个抖音视频火爆了之后，创作者很难长期留住由此而带来的粉丝。因为很多UGC的创作者更多地是去抄袭而不是原创，这样很难持续产出风格统一的作品，所以偶然间产出了一两个爆款，也无法增强粉丝黏性。

5. 从不做数据分析

误区5就是从不做数据分析。数据可以暴露一些纯粹的问题，如账号在所有渠道的整体播放量下滑，那么肯定是哪里出了问题。不管是主观原因还是客观原因，都要第一时间排查，如果只是某个渠道突然下滑，那么就要看是不是这个渠道的政策有了调整。

除了监控之外，数据分析还可以指导运营策略，如分析受众的活跃时间点、竞争对手的活跃时间点等。

6. 内容与目标相关性弱

在运营抖音过程中一定要明确自己的目标，拍摄的视频一定要为目标服务，视频内容一定要与目标有相关性。对"抖商"来说，运营抖音的直接目的就是通过视频营销增加商品的销量，从而变现。基于这一点，在视频中应将营销作为重点，而不应该去做一些其他的事，否则将很难达到预期的效果。

以上是抖音运营中比较常见的6个误区，其实还有很多其他误区，这就需要大家在各自的运营工作中去发现问题并寻找解决方法。